JN160648

犯罪論集

犯罪構成と故意・過失

木村静子
Kimura Shizuko

世界思想社

故　瀧川幸辰先生に捧げる

はしがき

刑法の研究をはじめて、日本の刑法学がドイツの刑法学に多大の影響を受けてきたことを知り、とにかく、当時先を行くドイツの刑法学を知ろうと、ドイツ語の勉強とともに、毎日毎日ドイツの刑法学者の教科書や論文を読むことに励んだ。そのため、初期の論文はほとんどドイツの論文の紹介や研究、批判であった。本書は、その頃のものから、引き続き私の関心の強かった刑法上の故意・過失および犯罪の理論構造に関する諸論文のうち、一二篇を取りまとめたものである。いまさら改めてこれらを一冊の書物にすることに迷いはあったが、長い年月自分が刑法の研究者として何をしてきたかを思い返すためにもと、思い立った。

犯罪は人の行為として社会倫理的に最も許し難いものであり、それによる被害は人の生命・身体、財産その他に及ぶこの上なく恐ろしい、堪え難いものである。当然、犯罪は社会の規範、法によって禁ぜられ、厳しく取り締まられなければならず、犯罪者は生命刑をも含む刑罰によって相応の報いを受けなければならない。犯罪はそれほど許し難く厳しいものであるが故に、ある人の行為が犯罪であるとされ、これに刑罰が科されることに、間違いがあってはならない。厳しく取り締まる前に何が犯罪かを厳しく問わなければならない。

刑法学は何が犯罪かを追究する厳しい学問である。犯罪は構成要件該当の違法・有責な行為であり故意・過失はその重要な一要素である、と学んできた。このこと自体には疑問がないとしても、故意・過失をどのようなものと認識し、規定するかによって犯罪構成論自体が影響を受け、また、犯罪構成論の考え方によって故意・過失自体の犯罪要素としての意義や性質がゆらいでくる。故意・過失に研究の重点を置いたのは、内心にこのような意識あってのことであった。故意・過失とは何かということとともに、故意・過失が犯罪構成論においてもつ意味を探ろうとしたのである。しかし、長い時間を費やしても結論が出せず、次から次から疑問が湧き、往きつ戻りつ、解決策がゆらいだ。

この論文集はその有様を見せつけるようなものであるかも知れない。若い頃、専攻分野の異なるある法律学者から「あなたの論文は難しいですね」と言われた。「難しいことを書いている」というより「難しく書いている」、つまりそれは書いていることを自分でよく理解していないか、理解はしているがそれを説明することが下手なのだ。言われた言葉をそのように受け取った。いまもそう思っている。

掲載した最初の論文から最後の論文まではかなりの年月が経っているため、用いている文字・表現の不統一のほか、犯罪論に対する私自身の理解度の変化、理論構成への逡巡などがそのまま見て取れる。しかし、手直しは却って不可と思い、ただ、表現・字句等のあきらかな誤りを改めるとともに、旧字・旧かな遣いを新字・新かな遣いに改めるにとどめた。なお、研究生活の途中に結婚のため姓が変った。初期の論文三篇は筆者名が桂静子、その後は木村静子である。

編集・製本を引受けて下さった世界思想社の皆様には大変なご苦労をおかけしたことと思い、深くお詫びする。同社を起こされた初代社長の故髙島國男氏は若い頃から瀧川幸辰先生を慕われ先生の研究室に出入りされて先生のご本の出版に協力されていた。私はそこで知り合い、何かと声を掛けていただいた。残念ながらもう手を貸していただくことはできなくなったが、後継の方々、とりわけ髙島照子会長、上原寿明社長のご好意により、編集部の嘉山範子氏がわざわざ東京の拙宅まで足を運んで下さるなどして、望月知子氏ほか編集部の皆様にお世話になることになった。心からのお礼を申し上げる。

平成二十八年一月

著　者

犯罪論集——犯罪構成と故意・過失●目次

はしがき

1　法規範と義務規範

一　まえがき
二　主観的違法と客観的違法
三　法規範と義務規範
四　法規範と義務規範の形態
五　ゴールドシュミットへの回想
六　むすび

一　まえがき

刑法は、犯罪があるときに、犯罪人に刑罰を科することを定めた法律である。刑法の特徴は、犯罪が刑罰の前提であり、刑罰が犯罪の効果である、という点にある。犯罪は行為である。ここで行為というのは、当然のことだが、人の行為という意味である。行為として現れない、単なる意思は犯罪ではない。どういう行為が犯罪であるか、という問題、つまり犯罪の定義はいろいろに立てられるが、犯罪は違法であり責任ある行為である、ということは、犯罪としての行為にとって最大公約数ともいうべき要素である。犯罪を理論的に説明するには、例えば、正当防衛とか緊急状態、因果関係とか錯誤、未遂とか既遂、共犯とか罪数など、いろいろの概念を利用することになるが、こうした諸概念は違法または責任のいずれかの要素に組入れられ、第三の要素はないはずである。通説は身分による刑罰阻却原因、例えば、直系血族間の窃盗とか贓物に関する行為（刑法二四四条、二五七条）は、違法であり、また、責任ある行為であるが、親族という身分があるために刑罰から解放される、というように、違法および責任のほかに第三の要素を持ち出して犯罪論を構成するが[1]、これは理論的ではない。いわゆる身分による刑罰阻却原因は、いま例にあげた刑法第二四四条、第二五七条にせよ、また、第一〇五条の親族の行う犯罪庇護にせよ、その刑罰免除理由は、結局は違法が小さいか、責任が軽いか、のいずれかに還元さるべきである。そうでなければ、単なる刑事政策上の理由になってしまい、理論を放棄したことになるであろう[2]。

私はここで違法と責任の実質、二つのものの関係について、未熟な考えを述べることにする。

（1）M・E・マイヤー（E・ウオルフによると、マイヤーは、これまでのドイツの刑法学が生んだ最大の体系学者である――E.

Wolf: Strafrechtliche Schuldlehre, Teil I, 1928, S. 61）すら〝行為の犯罪性に関係のない原因は、犯罪の三つの要素（マイヤーは犯罪の要素として構成要件に当てはまること、違法であること、責任のあることの三つをあげる）のどれが欠けているというのではないが、刑罰を阻却する〟と説明して、身分による刑罰阻却原因のほかに、刑罰免除原因（一般的なものとしては時効、恩赦、特別なものとしてはドイツ刑法第四六条の中止未遂）をあげている（M. E. Mayer: Lehrbuch, S. 273）。

（2）瀧川幸辰「刑法における構成要件の機能」刑法雑誌一巻二号一、二頁。

二　主観的違法と客観的違法

違法と責任の実質問題、二つはどういう標準で区別されるかという問題、これは古い問題であって、また、新しい問題である。絶えず、繰り返され、刑法の理論上の争点は、このところに結集されているといっても、言い過ぎではなかろう。違法は客観的に理解すべきか主観的に理解すべきか。主観的に理解するとして、責任とどう区別されるか。どういう機能が違法の判断および責任の判断に含まれているか。問題を解決するために、当然に、法の本質についての問題が引合に出されねばならない。

法の本質、従って違法の本質については二つの見解が対立している。一つは主観的違法論である。違法は命令としての法から主観的に理解されるという立場である。他の一つは客観的違法論である。違法は、根本的には法の客観的な評価機能によって定まり、法の決定機能は主観的な責任を定めるときにはたらきはじめる、という立場である。

主観的違法論の代表者はＡ・メルケルである。メルケルによると、法は人の生活における精神力であって、法のなかに命令および禁止の複合体がある。法は人に向けられている。違法は法の命令または禁止（即ち規範）のいずれかを侵害することである。命令、禁止はそれを理解する能力ある人に向けられてはじめて意味があるから、責任能力者の意思に向けられねばならない。違法はただ責任能力者の意思について論ぜられるだけである。自然現象について、また、責任能力者の意思に帰せられない態度から出た結果については、違法の問題は起らない。責任能力者だけが有能な規範宛名者である。こういうことになる。(3)

これに対して、はじめはイエーリング、後にメッガー、E・シュミットの主張する客観的違法論がある。法は、一面では客観的評価規範の複合体として現れる。客観的評価規範を標準として、行為が適法または違法となる。違法は評価規範としての法に矛盾することである。この意味では、法は〝宛名者のない規範(4)〟である、しかし、法は国家という共同体の成立を保障する規範秩序であるから、他面では法の機能が共同体を構成する個人の行為のための客観的評価基準ということに終ってはならない。法は結局のところ、共同体意思――個人の立場から自動的に現れる――として個人に向けられる。客観的評価規範から、国家を構成する個人に向けられる主観的決定規範が導き出されねばならない。この規範の侵害は責任の証明のために決定的意味をもつ。違法は法の評価規範によって、責任は法の決定規範によって、はっきりと区別されるということになる。(5)

客観的違法を主観的に理由づけ、その総合において二つを統一し、違法と責任の限界を定めようとしたものにJ・ゴールドシュミットの特色ある立場がある。その理論構成は違法（客観的性質）と義務違反（責任概念の規範的要素）の対立から出発する。法規範は一定の外部的態度を要求するが、これに対応して、外部的態度をとるために必要な内心的態度をとることを命ずる、もう一つの、宣言されてない規範がある。ゴールドシュミットはこれを〝義務規範(6)〟と名付けている。法規範の違反が違法の本質を、義務規範の違反が責任の本質を定めるというところに重点がある。違法は法秩序の客観的範囲に属するが、主観的には個人に向けられている命令によって責任へと理由づけられるということになる。

(3) A・メルケルの主観的違法論は「刑事学論文集」第一巻(一八六七年)に出ている。次にこの〝深味のある〟論文(メツガーの言葉)の違法論を引用する。

〝不法の概念は法の概念から出てくる。不法は法の否定として説明される。法の否定を含まない不法があるということは、さまざまの表現方法でいろいろに主張されているが、ここでは、自明の矛盾として無視してよい。

さて、不法は法の否定として、(a)法のなかに客観化されている共同意思の侵害、或いは、法のなかに表現されている共同利益の侵害、(b)帰責の要素、を含む。

(a) 法規定の侵害が、意思を定めてこれを自己の権威によって遂行することを要求する人の、意思の侵害を含むことは、当然である。しかし国家において、そうして、国家によって実現される法に関するもの、それを、吾々はここでまず眼中におくから、法を尊敬しつつ同時にその特有の権威の承認を要求するのは、国家的共同意思にほかならないことになり、そうして、国家的共同意思の侵害のなかに国家的構成の軽蔑を経験するわけである。従って、この共同意思の侵害を、或いは、行為者の意思と共同意思の分裂を、国家に反対する不法のいろいろの種類のうちの、ただ一つの特徴的要素と考えることは間違っている。更に、共同意思の侵害が共同意思を構成する人の利益、即ち共同利益の侵害を含むことは当然である。従って、国家に反対する不法の何等かの種類を、概念的に、共同利益と対立する意味の個人利益に関係させることはできない。

(b) 法は法的性質をもつ命令および禁止の全体として、即ち、不法はかような命令または禁止の侵害として現れる。さて、この命令は責任能力ある人の意思に向けられる。従って、この命令の侵害、即ち不法は、この意味について論ずることができるだけで、自然現象や責任能力者の意思に帰することのできない行動の結果について、論ずるわけにはゆかない。こうした侵害は、ただ、侵害が向けられており、侵害が行われようとする側の人について考えられるだけである。従って、法侵害的のものとして、ある活動は、責任を負うことができる限りにおいて、その範囲内で、特徴づけられるだけのことである。

吾々は、不法の概念に達するためには法のどういう方面から出発するにしても、常に同一の結論に達する。法は諸原則(ここではくわしい定義はしない)の全体として、従って、不法は関係ある諸原則の侵害として示されることができる。しかしかような侵害は、上にあげた原則に従って行動することができ、人的力の標準に従ってその原則を主張することができた人から出てくるだけである。――更に法的要求には、法的要求の向けられている人について、同じ内容の法的義務が相当する。かようにして、法の侵害には侵害者の側の義務の侵害が相当する。しかし義務はただ責任能力のある人にとって、その能力の範囲に応じて成立するに過ぎない。不能なことを行う義務、避けられないことを予見して避ける義務というようなものはない。従って、予見できない場合、避けられない場合には、義務の違反、従って法侵害はない。――法において、共同意思は自分自身の尊重と、間接にはその保護のもとにある個人意思の尊重を要求する。しかし共同意思、個人意思の軽蔑は、たとい人の行為に結びついている場合でも、偶然の出来事について認めることはできない〟（A. Merkel: Von den Verhältnissen des strafbaren Unrechts zum Zivilrechte, in Kriminalistischen Abhandlungen. Bd. 1. 1867. S. 42-4）。

（4）〝宛名者のない規範〟（adressenlose Norm）という表現は、メッツガーの言葉である（E. Mezger: Die subjektiven Unrechtselemente, Gerichtssaal, Bd. 89, 1924, S. 245）。メルケル以後の主観的違法論は、〝法規範の宛名者〟の問題をその基礎におく。法の上位概念は規範概念であるが、法の規範性は同時に宛名者概念を必要とする。主観的違法論はこの問題を特に取り上げた。共同体意思は一定の態度をとるようにと個人意思に向けられる。規範の宛名者は共同体の法のもとにある個人である。宛名者は法の本質から当然に要求される。法は宛名者に向けられた規範である（adressene Norm）。法の宛名者は、法の命令、禁止を理解し、それに従って行動できる人、即ち責任能力者だけである。これがメルケルの主観的違法論の基礎である。これに対して、メッツガーは次のようにいう。法は社会生活の客観的秩序の一つであり、違法はこの秩序の侵害である、と考える立場を貫くと、法に宛名者があることは必ずしも必要ではない。法は決定規範である前に、まず評価規範である。法は命令となる前に、それ自体として基礎づけられねばならない。法秩序は、それ自体として宛名者なしに考えられる規範の複合である。規範の実現に必要なものに過ぎないところの命令禁止が、そのままで規範であるのではなく、それは、実現のために必要な手段として、規範から引出されたものに過ぎない。規範と規範実現の手段を一体として考えることは論理的に誤っている。二つは別物である。規範には宛名者が本質的に必要である、という間違った前提が主観的違法論を誤らせた。かように考えて、メッツガーは〝宛名者のない規範〟という表現を持ち出した。規範は概念的には非人格的当為（unpersönliches Sollen）であって、宛名者のあることは本質的の要件ではない。上に述べたように、法はまず評価規範として一定の客観的社会状態に向けられ、その後に論理的手続を経て、決定規範としての性質を受取る。規範と命令を分けることは規範の抽象的独立性の説明と命令の規範実現手段の説明をはっきりさせるために必要な思考前提である。かようにいう（Mezger: a. a. O. S. 240 ff.）。〝宛名者のない規範〟という表現に対しては当然に疑問が出てくる。違法がただ客観的評価に基づくとすれば、どうしてこの評価が不法行為の平面で人に対して要求されるのだろうか、という疑問である。宛名者のない規範は法による一つの抽象的評価であって、問題の人と無関係に宙に浮いている。その評価が突如として、例えば、攻撃にさらされた人の正当防衛権のなかに、どうして転化して来るか、説明ができない。正当防衛者の行為は、ただ事後に適法と評価されるだけではなく、直接に許された行為である。法によって許されているということは、適法、違法の抽象的評価とは、本質的には一致しない。

メツガーはその後に「刑法論」のなかで、宛名者のない規範の説明を補充した。〝私が Gerichtssaal Bd. 89, S. 245. で‘宛名者のない規範’に論及したときに、法は常に人に向けられており、その限りでは常に‘宛名者がある’ということを自明的としていた。しかし、その表現は次のことを意味する。即ち、法には非人格的な、宛名者のない‘es soll!’があって、そこから個人的な、人格的な‘du sollst!’が出てくる〟(a. a. O. Anm. 7)。こういうのである。当然の弁明ではあるが、さきの表現からいって、何となく、弁明のための弁明という感じを受ける。

(5) メルケルの主観的違法論に対して客観的違法論を主張したのはイエーリングである。イエーリングは、メルケルが責任要素を違法のなかに取入れたことを非難する。法のある部分を占めている民法では、かようなことは許されない。民法は客観的違法をはなれることができない。〝一体、吾々は他人の物の善意の占有者の状態を何と表現すればよいか。それは適法ではない。従って、違法なものというのほかはない。私は、法律家がどうすればこの表現を使わないでやってゆけるか、理解することができない。私の知る限りでは、かような意味に不法行為(Unrecht)という言葉を用いることは、法自身と同様に古いようである〟(Jhering: Das Schuldmoment im römischen Privatrecht, in Vermischten Schriften, 1898, S. 160)。

メツガーの説明は次のものである。〝客観的評価規範から、個々の法服従者に向けられた法の主観的決定規範が導き出される。その侵害は不法行為の証明のためではないが、責任の証明のために決定的意味をもつ。評価規範として‘すべての人々に’向けられている法規範と決定規範として‘個人に’向けられている義務規範を概念的に分けることは、犯罪の二つの根本的な前提、即ち、客観的違法と人格的非難可能性の明らかな対立を可能にする〟(Mezger: Lehrbuch, 1. Aufl. 1931, S. 166)。

E・シュミットはいう。〝法は客観的評価規範の複合体として現れる。客観的評価規範を標準として人の行為の本質が客観的に適法または違法となる。しかし法の唯一の機能が個々の共同体構成者の行為のための客観的評価標準を与えるという点にあるとすると、法は国家という秩序的共同体の成立を規律しつつ保障する規範秩序ではなくなるだろう。評価規範としての法の機能のほかに、むしろ決定規範として、前者と同じ意味の、ある機能が現れる。即ち、法は個人意思から組立てられ、従って結局は個人の立場から自動的に現れる共同体意思として、個人の意思に向けられており、個人に向かって、何があるべきか、何があるべきでないかを宣言する。法は、ある行為を適法、他の行為を違法と評価しながら、吾々の日常の経験が示すように、その行為に関係する個人の観念に価値強調および感情強調を与える。価値強調、感情強調は動機過程において決定的な役割をはたすことができるし、法共同体の意思によれば、役割をはたすべきであるのが通常である。人があるべきものに自分を〝正すこと〟、吾々がいうように、義務に従って行動できること、これはひとえに、共同体構成者各自の観念および動機における法規範の作用に帰すべきである。個人が内心的に〝自己を正すこと〟について、吾々は法上のSollenを義務として特色づける。これによって、はじめは個人の観念のなかにある社会的価値観念が、次にはその〝社会心理的強制〟（ホールド・フォン・フェルネック）が現れる。強制は法秩序から出発しながら、直接に決定根拠として行為者のその他の動機と競争する〟（Liszt-Schmidt: Lehrbuch, 26. Aufl. 1932, S. 222 f.）。

（6）　Pflichtnorm.

三　法規範と義務規範

結論をいうと、ゴールドシュミットが主張したように、二つの規範を認めるのが一番よいようである。一つは法規範であって、外部的態度に向けられ、他の一つは義務規範であって、内心的態度に向けられる。二つの規範は共に評価機能と決定機能をもっている。決定する傍ら、同時に評価する。あるときは決定の傍ら外部的態度が評価され、あるときは決定の傍ら動機過程が評価される。こういうと、法規範は廻り道をしながらも、結局は内心に作用することになるではないか、法規範は内心に手を延ばしてはならないはずだ、という抗議が出るかも知れない。しかし、ここで問題になっているのは、法現象であって、心理現象ではない。適法な態度をとるという動機は法に一致する。例えば、医師が婦人を診察することは適法な態度であって、その動機は法に一致する。そのとき医師が性欲的行動にかられていたとしても、それは心理現象であって、法現象ではない。法規範は外部的態度だけを対象とする、という意味である。内心に及ぼすであろう方法は、法にとっては問題にならない。法の立場からは、法的観察に従って取扱われるだけで十分である。

そこで、法規範は責任能力のない者にも向けられる。このことは、法規範が外部的態度の規律を目標としていること、内心における過程がどうであるかはどうでもよいということ、から出てくる当然の結論である。従って、法規範の機能は責任能力者を前提としない。この点に、人に対する深い尊敬が見られる。人はすべて人として評価され、動物のように物として評価されるのではない。責任能力のない者も、法秩序においては人であるから、その外部的態度が他人の外部的態度と同じように取扱われるということに同意せねばならない。制定法は法規範のために外部的態度について、すべての人を規範宛名者と認める。

法規範に対して、義務規範は、その決定機能において人の内心的態度に関係し、その自発的な考えから違法行為を行わないことを要求する。〝汝は内心でこうした態度をとるべきである〟という点に意思決定がある。義務規範の評価機能は、決定されることのできない人を非難してよいかどうか、という問題のなかに現れる。義務規範の刑法における存在の意味は、ただそれだけである。それ以上の機能を認めることになると、道徳的性格のものになってしまう。義務規範は、その属する法規範、従って客観的態度に結びついて、客観的態度の実現について人に対して作用する。義務規範は独立性がない。義務規範に独立性があるとなると、その違反に対しては、違法行為ではないが責任があるということになるだろうが、それは犯罪の構成からいって認めることができない。

ゴールドシュミットは義務規範の独立性を主張して、責任ある行為であってしかも違法でない行為を認めた。違法でないが責任があるという行為は、責任のない違法行為の対照の一つである。ゴールドシュミットは、そうしたものとして未遂を持ち出した(7)。

ゴールドシュミットによると、未遂は〝違法の結果のない責任(8)〟であって、行為者が侵害しようと欲する法規範に相当する義務規範の侵害に過ぎない。しかし、この理論構成は、未遂に対して正当防衛ができないという、支持するに困難な結論になる。正当防衛の適用範囲の重要なものはまさに未遂である。法秩序は、急迫な違法行為を防衛するものとして、正当防衛を許すのではなく、それ自身が排斥さるべき侵害を防衛するものとして許している。未遂が義務違反であるが違法でないという立場は、未遂に対して正当防衛ができないという、奇怪な結論になる。ゴールドシュミットの立場からいうと、義務違反はあるが違法ではない、という場合は、未遂だけではなかろう(9)。ゴールドシュミットの義務規範は〝ある意思活動が法規範の禁ずる結果を発生させるとわかっているときは、その意思活動を思い止まれ、ある意思活動が法規範の命ずる結果を発生させるとわかっているときは、その意思活動を決意せよ〟というのである(10)。これによると、意思活動に出なかったことが、法規範の禁ずる結果を発生させないという理由からではなく、他の理由からであるときは、義務違反になるだろう。また、適法行為を行っても、その動機が不純なときは義務違反になるだろう。双方とも、法上の責任があることになる。しかし、ここであげた例の義務違反は法上の意味をもたない。即ち法上は重要でない。私としては、こうした義務違反に法的責任の性格を否定することが間違いとは思わない(11)。

（7）　未遂は義務違反であるが違法ではない、というゴールドシュミットの主張に対して、それでは未遂に対して正当防衛ができないではないか、とはじめに批評したのはクリーグスマンである（H. Kriegsmann: Literaturbericht James Goldschmidts "Der Notstand, ein Schuldproblem." Zeitschrift. Bd. 35, S. 316-323）。ゴールドシュミットは、フランクの七十歳祝賀論文「規範的責任概念」（一九三〇年）のなかで、クリーグスマンの批判を再批判した（その前に、すでに一九二五年の「法状態としての訴訟」のなかで再批評をしている――Prozess als Rechtslage, 1926, S. 234 f. Anm. 1287）。〝未遂は義務違反ではあるが違法ではないとすれば、未遂に対する正当防衛はないだろう、とクリーグスマンは非難する。この非難（シューマッハーが〝適切だ〟といった）は方法論的に誤っている。刑法第五三条、民法第二二七条の〝違法の侵害〟は、一般的には可罰未遂と何のかかわりもない。例えば、名誉の侵害については、違法の侵害はあるが、可罰未遂はないことがある。これに反して、絶対不能未遂または構成要件の欠缺では、違法の侵害はないが、可罰未遂はありうる。ある娘に、実際は存在しない胎児をおろすつもりで一杯の毒薬を与えて中毒作用を起させようとした祈禱婆、その他の愚かな女を射殺することが許されるだろうか。事実において、絶対不能未遂の可罰性を争う人たちは、違法性がないということだけを理由とするではないか。私はただM・E・マイヤーだけをあげる。私は、可罰未遂に違法の侵害がくっつくことができない、と主張した覚えはない。精神病者は義務違反行為を行うことができないから、その違法侵害に対して正当防衛は拒まれねばならない、と私が主張したようにクリーグスマンが考えているのなら、それは、義務違反の未遂と〝違法の侵害〟を方法論的に誤って同列におくことの結果を、私に背負わせることである。また、エバーハルド・シュミットと共に、絶対不能未遂および構成要件の欠缺を、罰せられない過失の態度が現にそうであるように、罰することのできないものと考えるとしても、その態度は法的に無意味なものではない。命をねらうことは離婚の原因、遺留分を失う原因であり（民法一五六条、二三三三条一号）、過失の態度は雇傭関係を解除される〝重大なる原因〟でありうる〟（Goldschmidt: Normativer Schuldbegriff, in Frank-Festgabe, 1930, S. 434 f.）。

（8） Schuld ohne rechtswidrigen Erfolg.
（9） 〝単に可能な違法と結びつく義務違反〟（Pflichtwidrigkeit mit bloss möglichen Illegalität）、即ち、過失的な、罰せられない態度がこれである。
（10） Goldschmidt: Der Notstand, ein Shuldproblem, 1913, S. 20.
（11） Kriegsmann: a. a. O. S. 319.

四 法規範と義務規範の形態

法規範と義務規範は実質的にどうちがうか。法規範の上位概念は規範概念であるが、すべて規範には積極的形態と消極的形態とがある。例えば、率直であれ、善良であれ、殺すな、盗むな、等々の形態。形態は内容のために必要である。外部的態度に向けられる法規範はただ積極的形態のものとして理解される。法規範が消極的形態をとることは不可能である。例えば、法規範が〝殺すな〟という消極的形態をとっているとすれば、死刑執行者とか、正当防衛者はどうなるだろう。死刑執行者には殺すことが命ぜられた義務であり、正当防衛者は殺すことを許されている。法規範が消極的態度をとることができるとすれば、死刑執行者にせよ、正当防衛者にせよ、その行為は法規範に反する。殺人は殺人である、ということになる。この問題について、通説の考え方は、死刑執行者の行為や正当防衛者の行為は違法であるが、特別の法状態のもとにあるから、そこには、行為を適法にする原因が暗黙の裡に含まれている、というのである。この結論は法規範の消極的形態についての問題をさらけ出している。違法が結果において適法になるということは考えられない。適法な違法というものはない。適法か違法かのいずれかである。適法は違法について考慮されるのではない。適法が終ったところに違法がはじまる。いわゆる〝行為を適法と認める原因[12]〟は、違法を適法にするのではなく、また、違法の幻影を追払うのではない。適法ははじめから適法である。この考え方は、法規範が積極的形態のものであるときに、はじめて可能になる。〝適法な態度をとれ〟という法規範の積極的形態のもとに、死刑執行者には職務の遂行が可能になり、また、正当防衛者は防衛することが可能になる。従って行為を適法と認める原因または違法を阻却する原因という概念は正しくない。適法と認められるもの、違法を阻却するものは何もない。ここには常に適法があるだけである。違法が構成要件によって吟味されるのではなく、適法がまず探究され、適法が存しないときにはじめて違法が肯定される。構成要件は違法を認めるについて、実在根拠でもなく[13]、また、認識根拠でもない[14]。構成要件は生活現象の表現であって、そのなかには適法と違法が同じ資格で含まれている。刑法では、構成要件に当てはまらない態度は一応、適法という推定を受けるが、構成要件自体は違法を推定するものではない。違法を推定するのほかはない構成要件もあるが（例えば、公然と行う猥褻の行為とか収賄行為）、多くは二重の評価を含む。殊に、適法または違法に関する構成要件の二重性は、一般的に殺人、傷害について大きい。構成要件は違法を認めることが可能であるという、上下の限界を示すが、それ自体は適法および違法について何の傾向をも示さない。構成要件はいわば適法にも違法にも、同じ距離にある。具体的な適法判断または違法判断は、違法定型とか、行為を適法と認める原因によって吟味される、というふうに廻り道をしないで、直接に判断さるべきである。

外部的態度についての法規範の性格に妥当するのはこうした考え方である。〝適法な態度をとれ〟という、積極的形態が法規範の普遍妥当的な形態である。これは、具体的場合について、例えば、殺人の禁止または許容を含む。許容というのは、例えば、正当防衛において殺すこと、殺さないことが、同様に適法である、ということである。即ち、はじめから適法なものと、適法と認める原因があることによって適法となるものの区別はない。適法は単一性のものである。法規範は、評価規範と決定規範を備えた積極的形態をもつ独立した規範であって、すべての人を宛名者として、その外部的態度を他人（従って国家）との関係において定める、ということである。

義務規範は性格がちがう。義務違反は法規範の違反があったときに存在する。義務規範の侵害は、それに対応する法規範の侵害のあることを前提とする。義務違反的な、責任ある行為はただ違法行為の範囲において可能であるに過ぎない。義務規範は〝義務に適合する態度をとれ〟という、積極的形態で現れるのではなく、〝禁ぜられた結果を意思のなかに取入れてはならない〟という消極的形態で現れる。〝殺すことを欲すべきでない〟というのが義務規範の形態であるから、義務規範が適法な殺人に適用されるということはない。行為が法規範に適合するときは、適法の世界にはいる。法規範によって命ぜられた殺人はもとより、法規範によって許容された殺人は、はじめから義務規範に無関係である。義務規範には独立性がない。

しかし、義務規範は意思の純真性を求めるのではなく、行為へと用意された意思に向けられるだけである。ゴールドシュミットはこの点を次のように説明している。〝義務規範が義務動機の活動を要求するのは、個人が他の動機から適法な態度をとる決心をしなかったときだけである。ヒルシュベルグは同じことをうまくいう。〝行為者の正常な動機過程が違法な態度に導かれそうなときだけ、法は自己を承認することを要求する。どんな犠牲を払っても、他の動機にまさって法に服従する動機の勝利を承認するようにと要求する。これが法に服従する動機の優位である。〟義務規範は闘争規範である。堤防監視人の活動は、洪水にかかわらず堤を守ったときにだけ効果的だといわれ、堤が破壊されたときにだけ効果がなかったといわれる。これと同じく、義務規範が守られたというのは、義務動機がこれと争っている他の動機に対して勝ったときだけで、侵害されたというのは、負けたときだけである。これによれば、〝不道徳な適法〟(15)はある。が、〝義務違反的な責任ある適法〟(16)はない。他方、吾々が〝義務に適合する適法〟(17)ということができるのはただ、義務意識から適法な行為が行われたときだけである。そうだからといって、そうでない適法をすべて〝不道徳的〟(18)とする必要はない。シルラーが〝私は友のためにつくすことを好むが〟にはじまる詩(19)でカント流の倫理的厳格主義を嘲ったのは、〝義務に適合する適法の決定〟について妥当しない(20)。〟〟適法行為における内心的立場は法的義務規範の対象であってはならない。義務規範は一般化されることはできない。義務規範の消極的形態において、止揚することのできない人格的要素が、社会の理想状態を作ることに努力する積極的規範における本質的要求に対して、存在する。

(12) Rechtfertigungsgrund.
(13) Mezger: Lehrbuch. 1. Aufl. 1931, S. 182.
(14) M. E. Mayer: Lehrbuch, 1. Aufl. 1915, S. 185.
(15) unmoralische Legalität.
(16) pflichtwidrige schuldhafte Legalität.
(17) pflichtmässige Legalität.
(18) unmoralisch.

(19) Goldschmidt: Normativer Schuldbegriff, S. 433 f. なお、シルラーの詩は

良心の不安　　Gewissensskrupel.

私は友のためにつくすことを好むが、　Gerne dien' ich den Freunden,

残念ながら趣味でやっているだけで、　Doch thu' ich es leider mit Neigung,

しばしば苦しく思う、　Und so wurmt es, mir oft,

私は徳があるものではない、と。　Dass ich nicht tugendhaft bin.

(20) Goldschmidt: Normativer Schuldbegriff, S. 443, 4.

五　ゴールドシュミットへの回想

ゴールドシュミットは法規範に義務規範を対立させ、法規範の違反が違法概念を定め、義務規範の違反が責任概念を定める、という理論構成をとって、違法と責任を区別しようと試みた。(21) この輝しい研究の価値を高く評価しながら、直ちに、鋭い批判をあびせたのはクリーグスマンであった。(22) その後に出たゴールドシュミット批判は、クリーグスマンの批判の範囲を出ていない。

クリーグスマンの批判の要点は、第一に義務規範を独立の規範として考えてよいか、という点と、第二に義務規範が法規範に対応しながらしかも独立の規範であるとすれば、違法でない義務違反的行為が存在することになる、という点をあげ、第一の点は無害であるが、第二の点は重大な結果になるといっている。第二の点が重大な結果になるというのは、未遂は違法ではないが責任ある行為になり、とうてい支持することができない、という意味である。(23) この点についてのゴールドシュミットの再批判は、すでにあげた。(24)

クリーグスマンが高く評価したのは、〝この新しい理論の功績が構成的範囲に関する限り絶対的である〟という点である。[25] たった一行半の讃辞である。ゴールドシュミットは一九三〇年の「規範的責任概念」で不満を示している。〝規範的責任要素の標準は法規範である、ということを確定して安心してよかろうか。ベーリングとフランクは安心しているし、更に前進した私の試みは、‘構成的価値があるだけだ’という批判で片附けられてしまった。しかし構成論は、法律家にとって、‘深いところへ導いてゆく竪坑である’[26]。外部的態度を決定する法規範のほかに、それに対応して、内心的態度を要求する義務規範がある、という私の試みた説明に対して向けられた実質的抗議は、以前よりも真剣に取り上げられている。〟かように述べて、迫力のある再批判を展開した。[27]

E・シュミットの批判は極めて好意的である。〝ゴールドシュミットの認めた‘義務規範’の独立性はこの書物の前の版で争っているし、この点ではクリーグスマン、ザウアー、メツガー、ウェーバーも一致している。しかしゴールドシュミットが責任免除原因の説明に‘条理法’[28]という特別のものを認めることをやめてからは、ゴールドシュミットの責任論とこの本の責任論の間には、実質的に取立てていうほどの相違はなくなった。というのは、ゴールドシュミットの理論は、評価標準としての法の機能と決定根拠としてのその機能の間にある相違の、鋭い、正確な表現であるから。[29]〟E・シュミットによると、義務規範は独立性がないから、従って法規範の一部であるはずで、それは、法の評価機能に対する決定機能に当たる、ということになる。

ゴールドシュミットはE・シュミットの批判には承服しない。〝義務規範の独立性は、私の理論に対するE・シュミットの表現方法によって最もはげしく揺り動かされた。彼は前からある思想を、内容の豊富なものに仕上げた。即ち、私が義務規範と名付けるものは、決定規範としての作用における法規範にほかならない、これに対して、外部的態度に適用する法規範は、純粋の評価規範である、と説明している。この表現方法は非常に魅力的であるが――私は打ち破られたと告白するわけにゆかない。[30]〟ゴールドシュミットはかように前置きして、重ねて義務規範の独立性を主張している。

ゴールドシュミットはまず、決定と評価が同一の対象に関する規範の二つの機能である、というE・シュミットの説明に疑いを向ける。内心的態度も外部的態度と同様に評価される。規範が内心的態度について単に決定規範であるだけではなく、評価規範でもあるとすれば、このことから、規範は外部的態度に関しても評価規範だけでなく、同時に決定規範でもある、という結論を引出すことはじつに容易である。客観的違法は法上の無価値判断を与えられる外部的態度だけではなく、法上の命令に違反する外部的態度でもある、ということになる。こういうことの承認は論理の上から不可能だとしばしばいわれたが、これが実定法である以上は、問題にならない。例えば、行為能力のない者や法人の義務がそれである。更に、論理上も可能である。法人、国家の義務、不作為の因果関係、認識なき過失は不可能といわれながらも、可能であるのと同様である。こうした場合は、多少は複雑な論理を辿ることになるが、つまりは〝正当なものは最高の法則である[31]〟という格言の示すとおりの結果になる。客観的違法を法的義務侵害として認める必要のあることは、まず民法で証明され、刑法すら、責任主義になってからはじめて、無価値判断に服する態度としての違法という考え方で十分になったのであるから、義務規範を法規範のなかに解消させることはできないはずである。これが、ゴールドシュミットのE・シュミットに対する再批判である[32]。率直にいって、この再批判は生彩がない。E・シュミットの決定規範はゴールドシュミットの義務規範からヒントをえたと思われる。ゴールドシュミットのE・シュミット再批判には自己批判の困難さに似たものがあったようである。

（21） Goldschmidt: Der Notstand, ein Schuldproblem, 1913.

（22） Kriegsmann: Literaturbericht, Zeitschrift. Bd. 35, 1914, S. 316-323.

（23） ゴールドシュミットは一九一三年の「責任問題の一つとしての緊急状態」一九頁で、すべての未遂がそうだというのではなく、〝吾々が絶対不能未遂を罰するときには〟という〝補足〟を加え、一九二五年の「法状態としての訴訟」二三四、五頁の註一二八九頁で〝私は未遂行為が違法でないといった覚えはない、ただ、いつも違法であるというわけにゆかない、といっただけで、このことを明らかにするために特に〝補足〟を加えたのである〟と述べ、クリーグスマンにはこの点の誤解があるといっている。

(24) 前掲注（7）参照。

(25) Kriegsmann: a. a. O. S. 318.

(26) この言葉はコーラーの「法関係としての訴訟」（一八八八年）の扉にあげられてあるモットーである。〝吾々は構成のために構成するのではなく、法関係の内部を探究するために構成する。構成は深いところへ導いてゆく竪坑である〟（Kohler: Prozess als Rechtsverhältnis, 1888）。

(27) Goldschmidt: Normativer Schuldbegriff, S. 213-225. クリーグスマンに対する再批判の大体はすでに述べた。前掲注（7）参照。

(28) Billigkeitsrecht.

(29) Liszt-Schmidt: Lehrbuch, 26. Aufl. 1932, S. 224. この説明は前の版、25. Aufl. 1927, S. 209, Anm. 4 を書き改めたもので、E・シュミットの立場が前よりは、はっきりしている。

(30) Goldschmidt: Normativer Schuldbegriff, S. 436.

(31) Ex iure quod est regula sumatur.

(32) ゴールドシュミットの精密な論証をその言葉どおりにあげておく。

〝まず、決定と評価が同一の対象についての規範の二つの機能であるという説明は、疑われねばならない。それ故にE・シュミットは当然に、心理的態度もまた外部的結果と同様に評価される、という反対を受けている。しかし、規範が内心的態度について単に決定規範だけではなく、評価規範でもあるとすれば、それは、外部的態度に関しても評価規範だけではなく、同時に決定規範である、という結論に、もはや一歩のところにある。言い換えると、〝客観的違法〟は法上の無価値判断を加えられる態度であるだけではなく、法上の命令に違反する外部的態度でもある。このことの承認は論理の上から不可能だとしばしば主張されているが、それは実定法上のものに過ぎないときは、何でもないことである。行為能力のない者および法人の義務がそうであると同様に、それは、実定法上のものである。しかしまた、論理上も可能である、法人、国家の義務、不作為の因果関係、認識なき過失が不可能といわれながら可能であると同様に。こうした場合はすべて、法は多少こんがらがった規則に基づいて、一つの事実を、それが〝あたかも〟他のものであったかのように取扱う。〝正当なものは最高の法則である。〟事実において義務能力のない者の義務は不完全な義務であって、まさに訴えることのできない義務に対応する。後者に国家の物理力の保障が欠けているのと同様に、前者には義務動機の心理力の保障が欠けている。訴えることのできない義務には、その強制を保障する実体的裁判法規が欠けているように、義務能力のない者の義務には履行を保障する義務規範が欠けている。しかも、それを充実することが義務能力のない者の法定代理人の看護義務である、という一つの迂回路をとることによって可能になる。かようにして、客観的違法を法的義務侵害として認める必要は、まず民法で証明ができ、刑法すら、責任主義への移行以後、単に無価値判断に服する態度としての違法という考え方で間に合うようになったとすれば、上に述べたことから、義務規範を法規範の決定機能のなかに解消させる可能性はなくなってしまう〟(Goldschmidt: Normativer Schuldbegriff. S. 434, 435)。

六　むすび

法規範と義務規範の区別から客観的違法と主観的責任の実質、限界を理論づけたゴールドシュミットの理論は、法律学における天才的業績の一つといってよい。ゴールドシュミットが、法規範に対する義務規範の独立性を主張したことは、鋭い批判をあびているし、また、法規範を消極的形態と解したことは、いわゆる正当行為(刑法三五条)、正当防衛行為(刑法三六条)の適法なことを理論的に説明できないと思うが、違法と責任の理論づけは、ゴールドシュミットによって飛躍的に前進した。ゴールドシュミットの理論は、時間的にはメッガーの理論、E・シュミットの理論の前に出ているが、論理的には、その後に来るべきものである。違法と責任の実質、その限界は、ゴールドシュミットの線を辿って、深められてゆくべきものと思う。これは近頃、オエーラーが「刑法上の法規範と義務規範の実質的内容」(一九四九年)[33]で試みたところである。私のこの小文はオエーラーに負うところが多いことを記しておく。

なお、〝義務規範[34]〟という表現は、一方では法規範の性格を誤解させ、他方では〝義務づける法規範[35]〟との混同を招き、従って違法と義務違反の混同を誘う原因になる、という非難に対して、ゴールドシュミットは次のように弁解している。〝しかし——私はそれよりもよいものを知らない。その表現がすでに一般化しはじめたことは、クレー（新しい規範的責任論に好意をもっているとは思われない）が‵非難可能性[36]′（近頃、最高裁判所が過失だけではなく故意についても、特に必要とするもの）を‵特別な義務規範の侵害[37]′として表現することから、最もよくわかる。[38]〟つけ加えておく。

(33) D. Oehler: Der materielle Gehalt der strafrechtlichen Rechts- und Pflichtnorm, in Sauer-Festschrift, 1949, S. 262 ff.
(34) Pflichtnorm.
(35) die verpflichtende Rechtsnorm.
(36) Vorwerfbarkeit.
(37) Verletzung einer besonderen Pflichtnorm.
(38) Goldschmidt: Normativer Schuldbegriff, S. 441. Anm. 4. によるとクレーの言葉は Klee: Die Reichsgerichtspraxis im deutschen Rechtsleben. 1929, Bd. 5. S. 73 にある。

2 責任論の一考察——故意と過失との区別について

一　責任形式についての問題の提出
二　レフラー＝ミリッカの三分説
三　レフラー＝ミリッカ説の批判
四　未必故意と認識ある過失（二分説）
五　責任形式についての私の考え方

一　責任形式についての問題の提出

責任は違法な結果に対する行為者の心理的関係を実体とする。行為者が結果を認識したかどうかによって、責任の領域は二つの部分に分けられる。認識した場合が故意（dolus）、認識のない場合が過失（culpa）である。しかし、ここで考えられている故意は、違法な結果を観念したと同時に意図した（intelligere et intendere）ことを含んでいる。従って、この故意と過失とによって責任の領域を埋めようとするときには、二つの間に隙ができる。行為者は結果を観念したが意図しなかった（intelligere sed non intendere）、という場合がそれである。この場合（仮りに認識責任と名付ける）が故意に入るか、過失に入るか、または故意と過失との両方に分配されるか、分配されるとすればいかなる方法で分けられるか、という問題は長い間争われて来た。これは結局、どこで故意と過失との限界線を引くかという問題であり、更に、故意および過失の本質をいかに定めるかの問題である。

クライン、アルメンディンゲンなど、十八世紀から十九世紀にかけての、いわば近代初期の学者の多くは、故意の範囲を広く認める。彼らは、故意は結果の予見で十分であると考えた。これとは反対に、ほぼ同時代のフォイエルバッハは、故意を違法性の認識を伴った意図ある侵害意思と考えることによって[1]、結果が意図された場合のほかはすべて過失であると考えた[2]。両説は、問題の場合を故意および過失の伝統的な概念のなかに押込めようとしたところに無理があったため、学界は是認することを躊躇した。そこで、認識責任の領域を故意と過失とに配分するという第三の方法が生まれた。この考え方が今日まで通説となっている。これには意思説（Willenstheorie）、観念説（Vorstellungstheorie）および動機説（Motivtheorie）と呼ばれるものがある（これらについては後に検討する）。それらは、それぞれ意思の概念、動機の概念に基づいて故意概念および過失概念を定め、それに適応するように、認識責任を故意と過失とに分けている。

上に述べた学説は、いずれも責任形式を二つに分けること（Bipartition）に固執する。即ち、責任形式は故意と過失以外には考えられない[3]という見地に立っている。これに反して、法律上は二つの基本的な責任形式を認めているに過ぎないが、だからといって概念上もこれ以外のものを認めてはならないということはできない、という考えから、伝統的な二分主義を棄てて、故意と過失との間に一つ或いはそれ以上の責任形式を挿入し、それによって当面の問題を解決しようという試みがなされた。例えば、ゾーデンは故意と過失との間の中間的な責任形式として同意責任（einwilligende Schuld）というものを認めており、また、バウマイスターは故意と過失との間に次の三つのものを認めている。即ち、(1)結果発生の必然性の予見としての仕放題（Ruchlosigkeit）、(2)結果発生の可能性の予見としての放埒（Frevelhaftigkeit）、(3)興奮（Impetus）の三つ[4]。

ゾーデンや、殊にバウマイスターの試みは恣意的であると批判せられたのに顧みて、レフラーは責任概念の正しい把握との関連において、特有の新しい責任形式の構成を試みた。更にミリッカは、レフラーの精神を受継ぎつつ、その理論の不徹底な箇所やあいまいな点を是正して、責任形式の三分理論の完成に努力した。レフラー＝ミリッカ説は、はじめてこの問題を更に追及する刺戟を我々に与える。たといウオルフが、レフラー＝ミリッカ説は困難な責任問題の解決にとって殆ど何の意味をももたらさなかった、と非難したにせよ[5]、なお故意と過失との限界づけをめぐっての論争が絶えない現在、レフラー＝ミリッカ説をもう一度取り上げて、責任論の研究の出発点とすることは許されてよいと考える。

（1） Feuerbach, Revision II 61; Lehrbuch 13. Aufl. § 54 参照。

（2） フォイエルバッハはこの見解が認められなかったため、一方では、そのいうところの固有の故意（dolus determinatus）のほかに故意の第二のカテゴリー、即ち dolus indeterminatus を作って、予見された結果に対する行為者の無関心のなかにその性格を見るとともに、他方では、彼のいう過失のうちで dolus indirectus の概念に入るものを culpa dolo determinata という名のもとに、dolus indeterminatus と同じ可罰段階に置いた（Lehrbuch, 13. Aufl. §§ 59 u. 60）。

（3）その主張者の例として、Hugo Meyer, Lehrbuch des deutschen Strafrechts, 4. Aufl. S. 201。

（4）Soden および Baumeister の文献ならびに理論についてはレフラーが詳細に研究している（A. Löffler, Die Schuldformen des Strafrechts in vergleichend-historischer und dogmatischer Darstellung, Bd. I. Abt. 1. 1895, S. 204, 207 f., 227 f.）。

（5）Erik Wolf, Strafrechtliche Schuldlehre, 1. Teil, 1928, S. 51.

二　レフラー＝ミリッカの三分説

レフラーは、責任の実体を〝行為の社会有害的結果に対する行為者の内心（Innerlichkeit）の刑法上重要な関係の総体〟と考え、そこから責任形式の訂正を試みた[6]。即ち、責任形式が行為と行為者との心理的関係の刑法上の重要性に応じて段階づけられることに着眼し、この段階づけを採用することによって、従来の二分説（故意 Vorsatz と過失 Fahrlässigkeit とに分ける考え方）に代って三分説（意図 Absicht、認識 Wissentlichkeit、過失 Fahrlässigkeit に分ける考え方）を提唱した。レフラーによれば、

（1）Absicht（意図）は、結果を認識し同時に意欲した場合を指し、結果に対する行為者の関係は Wollen（結果を是認しかつ結果の発生に努力する）で示される。ただし目的（Zweck）は問わない。

（2）Wissentlichkeit（認識）は結果を予見したが意欲しなかった場合を指す。これは形式的には統一されているが、実質的には予見の明白度に応じて段階づけられる。それは、不完全ではあるが、非常に確かな sehr wahrscheinlich ——確かな wahrscheinlich ——ありうる möglich ——ありそうにない unwahrscheinlich という表現によって、一応区分される。

(3) Fahrlässigkeit（過失）は結果を意欲せず、また予見もしなかったが、予見しえたし、また予見すべきであった場合を意味する。

第一の Absicht は直接故意（dolus directus）に、第二の Wissentlichkeit は未必故意（dolus eventualis）と認識ある過失（bewusste Fahrlässigkeit）とを合せたものに、第三の Fahrlässigkeit は認識なき過失（unbewusste Fahrlässigkeit）に相当すると考えられる。これによってわかるように、レフラーの第二の責任形式を形成している "Wissentlichkeit" は観念説の "Voraussicht"（予見）と本質的に同一であるが、観念説が、この責任形式を概念的に区分して故意と過失とに属させることに努力したのに反して、レフラーはこれを認識責任（bewusste Schuld）として統一し、それ自体区分しがたい独自の責任形式を作った。M・E・マイヤーの異議[7]にも拘らず、レフラーのこの功績は認められねばならない。

しかしレフラーは、いま述べた理論的結論から可罰価値に対する判断を引出す場合に、行為者と行為との主要な関係（行為の心理的要素）を等閑視し、実際的見地（犯罪を行うという行為者の危険な性格）のもとに、次の三つの責任の段階を区別する[8]。即ち、(1) Absicht（意図）および Wissentlichkeit（認識）の最も重い形式（例えば、間違いないもの Gewissheit としての結果の予見）、(2) Wissentlichkeit の中間の形式（確かなもの Wahrscheinlichkeit としての結果の予見）、(3) Wissentlichkeit の最も軽い形式および完全な過失、の三つ。こうなるとレフラーは、たとい単に形式的であるにせよ、その主張した三分説の意義を失わせる。また、レフラーの第二の責任形式である Wissentlichkeit は、彼自身が認めているように、予見の Gewissheit から Unmöglichkeit に至るまで漸次にニュアンスの変化する連続的な系列であるから、"wahrscheinlich" 或いは "möglich" という表示によって区切ることは適当でない。このことは第一と第二の責任形式の限界づけを著しく不明確にする。更に、彼の第一の責任形式であるAbsichtは、結果の積極的な意欲Wollenを内容としているのに、行為の目的に対する関係を明らかに排除する。これは、Absichtという最も重い責任形式を特色づけている重要な要素を見逃したことになる。従ってAbsichtの限界があいまいになるおそれがある。

レフラーの見解のこれらの欠陥を是正しつつ責任形式の三分説を受継いだのがミリッカである。彼はレフラーと同じ責任の定義を出発点として、故意および過失の問題を検討する。ミリッカはこのために、もう一度論争された意思説と観念説とのそれぞれの根拠を対立させてみた。その結果、意思説をあまりにもあいまいだと考えて排斥し、観念説に基づいて責任形式の分析を企てることを試みた。(9)

まず、ミリッカは結果の認識ある場合（Wissen）と認識なき場合（Unwissen）とを厳格に区別し、次に認識ある場合に、それに加えて認識された結果の意欲が伴う場合にはAbsichtという特別の評価を与える。Absichtを除いた認識ある責任、即ち結果は認識しているが行為への意思がこの結果の方向に働いていない場合はWissentlichkeitであって、これにいわゆる認識ある過失の場合をも含ませる。ここから、彼は行為と行為者との一定の心理的関係に重点を置いた三つの責任形式（Absicht, Wissentlichkeit, Fahrlässigkeit）を認めることを正しいと考え、更に次のような説明を加えた。(10) (1) Absichtの本質は、違法な結果、即ち他人の法益の侵害を目的とした、という点にある。従って、Wissentlichkeitの最も程度の高いものをこのなかに含ませること（レフラーの提案）は誤っている。結果の必然性を予見した者は、確かに他人の法益に対する無関心の高い程度、従って強い犯罪人的エネルギーを表明してはいるが、彼の目的はこの結果にあったのではなく、おそらく無害な他の目的を達成するための途中にあって、目的そのものとは矛盾するという理由で、違法な結果を等閑視したに過ぎない。これに反して、Absichtの場合は直接に違法な結果を目的としたのであって、行為者は失敗した場合にもなおこの目的を達成させようとして、行為を繰り返すことさえ決心するから、法益に対する行為者の犯罪を行うという危険な性格は Wissentlichkeit の場合に比べて非常に大きい。⑵結果の認識のある場合とない場合とは、はっきり区別されなければならない。認識なき責任（過失）は、結果を認識することなしにある法益侵害の危険を回避することを命じている規定を侵害するか、或いは、事情に応じた注意を怠ることによって事情に応じた危険よりもより大きい危険を引き起こす場合に認められる。⑶重要なことは認識責任を原則として一括することである。認識責任の本質は違法な結果の認識にある。しかも、結果の必然性の認識は必要ではなく、結果の可能性の認識で十分である。

以上のように説明したミリッカは、更に、結果の認識と結果発生の危険（Gefahr）という概念を関連させること[11]によって、ここで問題としている認識責任の分析を試みる。彼によれば、危険は法益侵害の可能性であり、危険についての故意の本質は危険に対する一定の心理的関係に求められねばならない。この意味で、侵害についての故意が（意思説の立場からは）侵害の認識および意欲、或いは（観念説の立場からは）侵害の認識および予見であるのと同様に、危険（客観的）の故意は危険の認識および意欲、或いは危険の全予見である。しかも危険は法益侵害の可能性、従って侵害の結果発生の可能性以外の何ものでもないから、危険の故意は結果発生の可能性の認識および意欲である。それは、いわゆる未必故意の全領域といわゆる認識ある過失の全領域を含めたところの認識責任に相当する[12]。ミリッカのこの見解から推察されることは、危険の故意が内部的に区分されない不可分一体のものと考えられる限り、危険の概念を責任に利用することによって、危険の故意と共通の要素をもつ認識責任も、また同様に不可分一体として取扱われて然るべきだ、ということである。

（6） 意思説または観念説が行為に対する行為者の一面的な心理的関係を前提とするのに比べて、レフラーは行為の瞬間における全心理的状態を責任として把握することを試みた。この点でレフラーは、規範の要求する Sollen に対する行為者の倫理的態度をも含めた全動機複合（Motivkomplex）を前提とする近代的な責任論に近づいた。この傾向にも拘らず、彼は責任形式を定義する際に、行為（または結果）と行為者との関係を意欲または予見することで十分だと見る従来の考え方（特に意思説）に従っている。

（7）M・E・マイヤーはレフラーの三分説に対して、事柄を無用に複雑にするばかりだ、と抗議する（M. E. Mayer, Die Schuldhafte Handlung und ihre Arten im Strafrecht, 1900, S. 170, Anm. 3）。

（8）Löffler, a. a. O. S. 10.

（9）A. Miricka, Die Formen der Strafschuld und ihre gesetzliche Regelung, 1913, S. 37 f.

（10）a. a. O. S. 16 f., insb. S. 173, 45, 199, 161, 173.

（11）Tätergefährlichkeit（主観的なもの）とは異なって、この場合は結果が発生するという客観的な危険性を意味する。

（12）その理由づけとしてミリッカのいおうとするところは以下のとおりである。

未必故意から認識ある過失に至る連続したニュアンスの間には、危険の故意によって満たされる間隙が残っていないことは明白である。従って、危険の故意は認識責任のどの部分と重なり合うかを検討せねばならない。この問題は前提問題、即ち、意思説および観念説が結果の認識ある場合を故意と過失とに分ける標準と危険の故意とがいかなる関係にあるか、という問題に答えることによって解決される。意思説によれば、結果発生の未必的意欲が標準となる。危険の故意が、結果発生の可能性の〝意欲〟である限りは認識ある過失と一致する。この意欲の要素は、違法な結果それ自体に対する関係では、未必故意と認識ある過失とを限界づける役割を果すが、認識ある過失および未必故意の内部で危険の故意を区分する根拠としては役に立たないと思われる。結果を発生させること（結果発生の可能性または危険）を知りつつ行為に出る者は、この可能性（決して結果それ自体ではない）を是認している。危険の故意の内部では、意思説も観念説も、それ以上、何ら区別の根拠を示していない。またこの学説のいかなる賛成者からも、この区別の根拠は提議されていない。即ち、危険の故意は不分離の一体として取扱われる（a. a. O. S. 77 f.）。

三　レフラー＝ミリッカ説の批判

レフラーおよびミリッカの考えた責任形式の三分説は、支持者をえることなく、むしろ否認されたまま今日に至っている。その理由の第一は、どのように解釈しても法典（独刑法第五九条）からは単に二つの責任形式（故意と過失）が出てくるに過ぎないから、三分説は一つの立法論であって、現行法の解釈には役に立たない、ということ(13)。第二の理由は、レフラー＝ミリッカの責任の定義は、責任形式を二分から三分へ解消させねばならないという必然的な根拠を与えるものではない、ということ。逆にいえば、二分説から三分説に変えたことによって、より正当な責任の定義が与えられたということはできないということ(14)。この二つである。

第一の理由はもっともであるが、第二の理由はあたらないと思う。なるほど、二つに分けているのを殊更に三つに分けることによって責任の正しい定義は獲得されていない（レフラーやミリッカはこのことを望んでいたかも知れないが）。けれども責任の意義、或いは、責任概念の構成は責任形式のみと必然的な関係にあるのではない(15)。三分説を主張したレフラー＝ミリッカの意図は、むしろ、各々の責任形式の間に限界線を引く際に、二分説よりも三分説に従うほうがはるかに容易であり同時に実際的意義があると考えた点にあった、といってよい。実際、二分説の支配している今日、裁判官は限界線を上下する疑わしい場合にも故意か過失かのいずれかに判断することを強いられる。しかも二つのものは、未必故意および認識ある過失によっては限界線を判定しがたいほど密着している。そのためにこの限界づけをめぐって、実際上、応用可能性に乏しい理論の対立が続いている。レフラーは、この難解な理論に従って極端な場合には死刑か罰金か、或いは有罪か無罪かを言渡さねばならない裁判官の困難な立場をも考えのなかに入れていた(16)。この実用的意義は見逃してはならない。

もちろん実用的価値に溺れて理論的体系的意義を忘れることは許されない。レフラーおよびミリッカは、責任を〝有害な結果に対する行為者心理の刑法上重要な関係の総体〟と定義したが、行為者に重い責任、或いは、軽い責任を負わせるために何が刑法上重要であるか、という本質的問題については、その主張する三分説は十分な解答を与えていない。レフラー＝ミリッカは、結果に対する行為者の純心理的関係に注目して、責任の程度を段階づけたに過ぎない。故意と過失とは本質の異なった責任の形式である。故意の上限から過失の下限に至るまで単に連続的なニュアンスの変化があるに過ぎない、というようなものではない。もしそうなら、ミリッカ自身がいったように、三分に限らず、更に四分、五分の責任形式を認めてもよいわけである。そうでないところに、故意と過失とをはっきり区別して、各々の本質を究めることの理論的意義がある。このことは必然的に未必故意と認識ある過失とを含んだ認識責任の場で問題として浮び上る。

(13) これについては殊にヒッペルが批判している（Hippel, Vergleichende Darstellung des deutschen u. ausländischen Strafrechts, Allgemeiner Teil Bd. 3. S. 536）。
(14) ウオルフがこの意味の批評をしている（Wolf, a. a. O. S. 49, 51）。
(15) もちろん、責任概念は行為＝行為者関係の心理的事実として規定された法典上の責任形式から解釈的に把握することによってはじめられた。責任概念は理論的には責任形式に先行するが、時間的には責任形式から責任概念が引出される。しかし、リスト、ビンディング、ベーリング等の犯罪概念の体系的研究によって、責任概念が二つの欠きえない犯罪要素の一つとして規定されるに及んで、責任概念に超法的な要素が加えられた。ここでは責任形式は責任概念の一前提であり、従って、カール・シュミットやラートブルフの如く、法律上存在する（心理的事実としての）従来の二つの責任形式のみから、二つの責任形式を結びつけている責任概念を獲得することは、断念せねばならない結果をさえ導いた（Wolf, a. a. O. S. 44 f. 参照）。
(16) Löffler, a. a. O. S. 10.

しかしこの問題を解決するにあたって、前に述べた三分説の考え方を考慮に入れることは許されてよいし、また、その考え方は事実において価値があると思う。刑法学において非合理的、非実用的な理論は顧みるに値しないからである。そこで順序として、通説の二分説が認識責任を故意と過失とに分ける根拠およびその意義をもう一度検討してみよう。そのためには、まず故意と過失との本質から出発しなければならない。

四 未必故意と認識ある過失（二分説）

故意の本質に関しては、それぞれヒッペルおよびフランクの名によって代表されている意思説（Willenstheorie-Hippel）と観念説（Vorstellungstheorie-Frank）との対立があった。人間の意思の概念から出発して、意思説は意欲（結果、或いは構成要件の実現または違法の意欲）のなかに、観念説は観念（結果の予見）のなかに故意の本質を求める。

意思説が、意思を単に人間の行為（身体運動）だけでなく、その結果にも関係させて、故意の成立には単に意図された行為だけではなく、一般に意欲された結果を必要とするというのに対し、観念説は、人間の意思は結果にではなく、単に身体運動自体に関係させられるのであって、結果は観念されうるに過ぎないと主張する。この対立は〝行為者意思〟をいかに理解するかにかかっている。意思主義を主張する者が、一定の種類の観念が意思の存在について信頼すべき徴表を提供するということ、また、この徴表による間接の方法に従うほうが意思の存在を直接に吟味することよりも実際上効果があるということを考えるならば、それは観念説に傾いているといってよかろう。アルメンディンゲン、ルーカス、レフラー、エクスナー、ザウアー、グロスマンらのなかには、明らかにこの理論の二元主義とでもいうべきものが認められる。彼らは、故意の本質は構成要件実現の意欲にあると主張しながら、この意欲は結果の可能なこと、或いは蓋然性あることが予見された場合には常に存在する、と説明する。(17)

いずれにせよ、観念説および意思説が、このように結果に対する行為者の事実的な心理的関係を責任の出発点とし、これに基づいて責任形式を、また責任形式のなかの責任種類を定めることは正しい。しかし、意欲をもって故意の本質と説く意思主義に従えば、典型的な故意と典型的な過失との中間領域は説明しつくされないし、結果の観念をもって故意の本質と考える観念主義によるときには、この中間領域の広大な部分を、観念あるものとして等しく重い故意の概念に包括しつくすこととなって、共に不合理であると考えられた。そこでこの中間の領域、即ち未必故意と認識ある過失とを含んだ認識責任の領域において故意と過失とを判別するには、単に結果に対する行為者の観念だけでは不十分であって、それに対して行為者がいかなる判断を与えたか、それが行為者の動機形成にいかなる影響を及ぼしたかが吟味されなければならない。

この動機形成過程に着眼して、フランクは未必故意と認識ある過失（従って故意と過失）とを限界づける規準として、いわゆる〝フランク形式〟を樹立した。それは〝行為者がもしも結果の発生は確実だと観念したとすれば、彼はそれによって行為を阻止したであろうか〟という一つの仮定である。従って、可能だと観念された結果の発生は実現しない、という信頼に基づいて行為した場合には認識ある過失が認められるが、これに反して、〝たとい結果が発生しようとも、とにかく実行する〟という場合には未必故意が認められる、ということになる。結果の実現する場合を認容したという意味で〝認容説〟（Einwilligungstheorie）と呼ばれる。

これに対して、他方、古くから〝蓋然性説〟（Wahrscheinlichkeitstheorie）といわれる考え方がある。それは、行為者が結果の発生の蓋然性を観念して行為に出たときに未必故意が認められる、ということである。結果の一定の蓋然性を予見した以上、それが発生する場合も承知の上であえて行為に出たと考えられる、という理由による。

更にもう一つの考え方によれば、行為者は結果の発生が単に可能だと思ったに過ぎないが、しかもそれを忍んで（in Kauf nehmen）行為に出た場合に故意と評価される。これはしばしば、さきの認容説と同じ結論に到達するが、認容説は、違法な結果の可能性を観念した行為者が、行為に出てはならないという警告を顧慮しないで行為の実行に着手した場合にも、行為者は内心で違法な結果を承認しているという理由で故意を認めるから、この点で認容説は〝忍受説(18)〟(Inkaufnehmentheorie)よりも広い。

以上の学説を概観してみると、故意と過失との限界に関しては蓋然性説が比較的に明確な規準を示していることがわかる。もちろん、蓋然性の内容をどのように確定するかが問題であるが、結果に対する行為者の一定の観念という心理的事実関係をとらえている点で、問題の解決は簡単である。しかし、一定の蓋然性ありと観念した場合にのみ故意が認められるというのでは、あまりにも窮屈である。高度の蓋然性を予見した場合には、通常は結果の発生を承認しており、従って、なおかつ行為に出るときには故意に特有な要素が認められることは疑いないであろう。そのときには、たとい行為者が結果の発生を否定(不発生を希望)してみたところで、一般的には通用しない。しかし蓋然性説も、結果の予見によって反対動機が形成されなかったことが未必故意にとって重要だと考える限り、この予見は、結果発生の蓋然性の予見ではなくて、単なる可能性の予見でも十分なはずである。蓋然性説では、結果に対する観念が更に行為者の内心において動機形成にいかなる役割を演じたか、という重要な点がおろそかにされているといわねばならない。この動機形成過程の問題は、まさに蓋然性の観念の終ったところからはじまるといえよう。

結果発生の単なる可能性のみが観念された場合に、この観念によって行為者が直ちに故意の責任を負わされるのではない。ここでは、観念しながらなおかつ行為に出たという行為者の内心的態度が、故意と過失とを区別するのに重要な点である。認容説および忍受説がここに標準を置いたことは、責任形式の二分説をとる者にとって、本旨に則した正しいやり方だといえよう。しかし〝認容する〟〝忍受する〟という概念は明確を欠く。〝希望する〟という積極的な態度から、〝どうでもよい〟という無関心な態度を経て、〝希望しないが仕方がない〟という消極的な態度に至るまで、解釈によって種々の規準が現れる。この場合に、フランクのいわゆる仮定的認容説によって、〝行為者は予見した結果が確実に発生すると考えた場合にも行為したであろうか〟という規準を適用することは、問題の解決に大いに役立つようである。しかしこの認容説も、区別の規準を全く行為者の内心の態度決定のみに依存させている。従って、極少の可能性を予見したに過ぎない場合でも、行為者が万が一にも結果の発生を認容して行為に出たとなれば、故意が認められる結果となり、せっかく行為者の内心の態度決定（動機形成）に評価の重点を置いたことが、この評価を恣意的なものにする、という非難を免れないであろう。

井上教授は、従来の蓋然性説と認容説とについて詳細な研究と批判をなされたのち[19]、故意と過失との限界を明らかにするためには、蓋然性説、認容説のいずれの立場も十分ではないと考え、両説をより高い立場で統一した動機説（これはいままでの動機説とはちがう）に基づいて、〝結果の表象が存しながらもそれを否定することがなかったが故に反対動機となりえなかった場合[20]〟に未必故意を認められる。即ち、故意と過失との区別の重点を動機形成過程そのもののなかに求めるのではなく、反対動機となりえなかった理由としての〝結果の表象を否定することなく、結果不発生の表象がPositiver Motorでなかった[21]〟ことのなかに求められ、動機形成過程において具現された人格態度の判断に関連させて考えられる[22]。人格責任を基調とされる教授が、結果の観念（表象）を否定したかしないかという心理的な態度において、法秩序に敵対する人格態度としての故意と、法秩序に無関心な態度としての過失とを区別されることは、よくその本質に従って理論の統一を貫徹されたといえる。しかし、私はここでこれを批判しようというのではないが、この動機説による場合にも、現実に故意と過失との限界が明確に画されるかどうか疑わしいといいたいのである。結果が発生するかどうか全く不明な程度の可能性を観念したに過ぎない場合には、行為者が結果発生の観念（表象）を否定して行為に出たかどうかは、判定されにくいことが多い。人間の内心的態度は、それほど常に明瞭ではない。動機説によれば、結果発生が全く不明な程度の可能性を観念したに過ぎない場合にも、行為者が漠然と行為に出た以上、観念が否定されなかったものとして故意を認めることになるし、逆に、結果発生のかなりの可能性（高度の蓋然性には至らない）を観念してはいるが、非常に軽率であったためにこの観念を否定して行為に出た場合は過失ということになる。しかし、この二つの場合の行為者の態度を比べてみると、果して前者がより重い故意の責任を甘受せねばならないといえるだろうか疑問である。

(17) Engisch, Untersuchungen über Vorsatz und Fahrlässigkeit im Strafrecht, 1930, S. 133 ff.
(18) Schönke, Strafgesetzbuch, Kommentar, 1952, S. 231.
(19) 井上正治、殊に、「故意と過失の限界——いわゆる認容説を中心として——」小野博士還暦記念論文集一、一二七頁以下。同、「故意と過失の限界——主観的違法要素に関連せしめて——」刑法雑誌一巻二号、五八頁以下。
(20) 同、「故意と過失の限界——主観的違法要素に関連せしめて——」六二頁。
(21) 同、六一頁。
(22) 同、八二頁。

五　責任形式についての私の考え方

(1) (a)行為者は自己の行為によって違法な結果を引き起すことを欲して行為に出た。
(b)行為者は自己の行為によって違法な結果が生ずるかも知れないことを認識しつつ行為を行った。
(2) 行為者は不注意によって自己の行為が違法な結果を引き起すことを認識せずに行為したが結果は生じた。
第一の場合は違法な結果に対する心理的関係が認められるが、第二の場合には認められない。この心理的関係の存在が故意と過失とを区別する重要な鍵である。もちろん故意にせよ、過失にせよ、その実質を規定するにあたっては、この心理的関係そのものが重要なのではなく、これに基づいて行為によって具現されたところの、一方では積極的に法秩序を侵害する内心的態度（故意）が、他方では消極的に法秩序に従わない内心的態度（過失）が重要である。従って、前に述べたように　故意と過失とを区別する規準もこの観点から定めるのが理論的に正しいと思う。しかし、違法な結果の認識がなければ積極的に法秩序を侵害することはできないし、また、（不注意によって）違法な結果を認識しなかった場合にはじめて消極的に法秩序に従わなかったということができる。この限りでは、ある一定の心理的関係と非難を受けるべき内心的態度とが必然的な関係にあると考えてよいから、故意と過失との限界を問題にする場合には、そのときの心理的関係を明らかにしさえすれば、それ以上に、いかなる内心的態度が形成されたかを吟味することは重要でない。

違法な結果の認識という場合には、確実な結果発生の認識はもちろん、単なる結果発生の可能性の認識も含まれる。可能性の大小は問うべきではない。また、いったん可能性を認識した以上、それが行為者の内心（動機過程）において否定されたかどうか、ということも重要な問題ではない。二分説はこの場合を故意と過失とに分けようと努力しているが、いかなる理論構成を試みようとも、それは感じ方の差別に過ぎない。認識ある過失と故意とは、等しく結果を認識したという点で、重要な心理的要素を共通にしている。両者の異なる点は、認識ある過失には意欲または認容ということがなく、また、それは結果を引き起した場合にのみ罰せられる、という点である。しかし、未必故意と認識ある過失とを区別する要素は、認識ある過失と認識なき過失とを区別する要素に比べて、殆ど重要な役割を果さないことは明らかである。認識ある過失と認識なき過失に共通なことは、結果の意欲または認容がないこと、および結果の発生を必要とすることである。これに反して、故意と認識ある過失とは、禁ぜられた結果の認識をもちながらそれに背くという行為の法上重要な心理的要素を共通にもっている。故意の行為者が認識された結果をなおその上に意欲するということは、単に責任を加重する要素であって、確証するだけの要素ではない。また、認識ある過失が罰せられるためには行為者の認識した結果が発生せねばならないということは、心理的な観点からの必然的な要求としてではなく、むしろ行為者の帰責の一つの制限として考えられる[23]。認識ある場合はすべて積極的に法秩序を侵害する内心的態度が表明されたのであって、心理的関係は量的な差異に過ぎず、ここに質的な区別を認めるべきではない。

問題は純粋な意味における過失（認識なき過失）をこれから区別することである。結果に対する認識があったかなかったか、ということは重要な問題である。我々は日常生活で無意識に行動しながら何の障害も起らない多くの場合を体験する。意識的な場合には、一般に、違法な結果を生ずる行為があれば（法秩序を侵害する態度の現れとして）直ちに非難されるが、過失が問題になるのは、たまたま重大な結果が発生したということ、それが不注意に基づくという点だけである。善行にせよ、悪行にせよ、我々の評価の対象になる行為は常に意識的行為である。しかも二分説の論者はいうであろう。〝いわゆる認識ある過失に故意としての重い責任を負わせるのは忍びない、たとい量的な差異であるとしても、未必故意の上限と認識ある過失の下限とは同一の種類に入れることが不可能なほどかけはなれている[24]〟〝いったん認識した結果の発生する可能性ある場合に、結果はめったに発生することはあるまいと信じたことの軽率、不注意は、純粋の過失の場合における結果を認識しなかったことの不注意に通ずる〟と[25]。これは信じられない。未必故意と認識ある過失との領域は、密接しているというよりも、むしろ融合している。また、同じ不注意であっても、不注意の対象が根本的に異なるから、一緒にしてはならない。純粋の過失では、自己の行為から違法な結果が生ずることを全く認識しなかった点（観念）に不注意があったのに反して、認識ある過失では、いったん認識した発生可能な結果を発生しないと信じた点（判断）に不注意がある。純粋の過失の不注意は行為者の対外的心理関係であり、認識ある過失の不注意は内部的なものである。また、純粋の過失では、違法な結果は不注意のために認識されなかったが意外の結果が発生したため、行為者は消極的に法秩序に従わない態度をとったものとして非難されるが、認識ある過失では、結果の可能性の認識を否定したとはいえ、実は否定したと信じたに過ぎないから、実際は行為者に認識が全くないのではない。元来、結果の可能性を認識しながらこれを否定したということ、従って、〝認識ある過失〟という言葉自体が一つの contradictio in adjecto である。従ってこの場合は、意識的に法秩序を侵害する態度があったと理解してよい。

かように見てくるとき、三分説が結果に対する行為者の心理的関係に基づいて責任形式を明確に区別したことは、本質上も矛盾するものでないことがわかる。しかし、責任の形式として故意と過失との二つを認めるに過ぎない現行法のもとで三分類を固持しようとしたことは、何としても致命的な攻撃にさらされねばならない。従って、第二の形式は、それが分割できない限り、第一の形式（故意）か或いは第三の形式（過失）のなかに組入れられねばならない。私はいま、これを第一の形式にまとめることを試みた。それは、結果の認識ある場合（心理的関係の存在）は等しく積極的に法秩序を侵害する態度を示すものと見てよいからである。

結局次のようになる。

(1) 故意　このなかには従来の直接故意、未必故意および認識ある過失が含まれる。これらは故意の種類であって、それぞれ行為者の内心的態度の決定によって区別されるに過ぎない。そこでは、直接故意はいわゆる未必故意よりも、未必故意はいわゆる認識ある過失よりも非難の程度が重いのが通常であるが、必ずしもそうではない。

(2) 過失　従来の認識なき過失だけを含む[26]。

これによってレフラー＝ミリッカが注目した実際的意義を無視することなく、また、理論的矛盾を犯してもいないと考える。刑法は原則として故意行為を罰し、過失行為を罰する場合は極めて少ない。また、過失犯の刑は故意犯に科される刑に比べてはるかに軽い。従って、二分説によって確定しがたい場合に、或いは故意を、或いは過失を認定した結果は不合理なことになる。故意犯の刑の量定範囲は極めて広い。それが裁判官の専断を招くかどうかは別として、裁判官が上に述べた原則によって刑を斟酌することは、我々の法感情に反するものではない。

(23) Hold von Ferneck, Die Idee der Schuld, S. 36.
(24) Miricka. a. a. O. S. 42 ff.
(25) 佐伯千仭、刑法総論、二二八頁は同趣旨と解してよかろう。
(26) この場合は、もはや〝故意〟・〝過失〟という責任形式は不適当であるかも知れない。適当な言葉が見付からないが、〝認識に基づく責任〟・〝認識のないことの責任〟とでもいおうか。

3 故意と過失との限界について

一　はしがき

責任は非難である。非難は規範的な面からの法の評価である。この評価の基礎になるものは違法な結果に対する行為者の内心的態度であって、それは、行為者が違法な結果を観念した場合（故意）と観念しなかった場合（過失）との二つに分けられ、それに応じてこれに向けられる非難の態様が異なる。即ち、違法な結果を観念している場合には、この観念に基づいて違法な結果を避けるべき法上の義務に背いた内心的態度が非難に値するが、違法な結果を観念していない場合には、注意してそれを観念すべき法上の義務に背いた内心的態度に基づいて非難される。この場合には、もしも観念があれば違法な結果を避けえたし、避けるべきであったということが仮定されて、観念のある場合と共通の地盤に還元されるのである。かように非難の基礎の異なることは必然的に非難に大小の差を生じ、更に可罰性の大小、有無をもたらす結果となる。この結果をできる限り我々に納得のゆくように合理的に引出すために、いま一度、故意と過失との限界をどこに求めるべきか、という問題を取り上げてみたい。

二　学説の概観

責任形式として故意と過失との二つを認めることは古くローマ法の dolus と culpa との区別に由来する。しかしこの場合に、故意および過失の概念をいかに規定するかによって、故意と過失とを区別する規準は変動する。このために、実際上今日に至るまで長い間、故意と過失との限界線は片時も固定してはいなかった。初期のローマ法は原則として今日いう故意に基づく行為のみを罰したが、ここで dolus と呼ばれたものは違法な結果を観念すると同時に意図した（intelligere et intendere）ことを意味する。その後、故意のみを罰するという窮屈な殻を破って、重大な結果が発生した場合には、故意に基づく行為以外にも処罰の対象を広げることに努力が払われ、culpaという概念が生じた。culpaは違法な結果を観念しなかった場合を指す。即ち、現在認識なき過失と呼ばれているものにあたる。しかしこのdolusとculpaとで責任の全領域を埋めることはできない。その中間には、行為者は結果を観念したが意図しなかった（intelligere sed non intendere）場合によって埋められる領域が取残されるからである。この中間領域を故意か過失かに組入れるためには、従来のdolusまたはculpaによって意味された故意または過失の概念を変更するか、補足することが必要となる。

十八世紀から十九世紀にかけての、いわば近代初期の学者の多くは故意の範囲を広く認めて、この中間領域の全部を故意に含ませる。例えばクラインは〝彼固有の確信によればそれから違法な結果が生ずべき何かを知りつつ行為に出た〟場合に故意を認め、アルメンディンゲンは〝違法の可能性を予見している者は（中略）それを承認したのだ〟と述べて、これを故意に含ませた[1]。彼等は故意を結果の予見で十分であると考えたのである[2]。これに反してフォイエルバッハは、はじめは故意を違法性の認識を伴った意図ある侵害意思と考え、結果が意図された場合以外をすべて過失とすることによって、中間領域の全部を過失に含ませた[3]。かように中間領域を故意に入れるか入れないかは、更に故意の本質をめぐって争われた意思説（Willenstheorie）と観念説（Vorstellungstheorie）との対立として浮び上った。意思説と観念説とはヒッペルとフランクとによって代表されている。意思説の起源はローマ法のdolusに結びつく。ここでは故意の本質は結果の意欲であって、結果発生の観念は問題にならない。即ち、意欲があれば観念は意思決定の過程に加わらない。これに対して、観念説の現れたのは比較的近代で、フランクの主張にはじまる。ここでは故意は結果の観念である。結果を観念することが行為動機を抑える作用を営むから、更に欲求することは必要でない、という。

意思説および観念説が、かように、結果に対する行為者の心理的関係を出発点として二つの責任形式を区別したことは正しい。しかしこの考え方に従うと、中間領域の種々のニュアンスをもった広大な部分が一括して故意（観念説）或いは過失（意思説）の領域に押込められることとなり、いかにも無理だと感ぜられた。そこで、この中間領域を故意と過失とに分配するという方法が考案された。即ち、中間領域をいわゆる未必故意といわゆる認識ある過失とに分け、未必故意を故意に、認識ある過失を過失に包含させた。これが今日まで通説となっている。ここで当然に生ずる新たな問題は、ともに結果の観念のある場合にどの点で故意と過失とを分けるか、ということである。この問題を解決するためには、単に結果に対する行為者の意欲または観念の有無を問題とするだけでは不十分であって、更に限界づけに役立つ規準が求められなければならない。このことは観念説と意思説との長い間の闘争の後にはじめて認識された。比較的古くからある蓋然性説（Wahrscheinlichkeitstheorie）、次に認容説（Einwilligungstheorie）と呼ばれる考え方が、これに答えるものとして現れた。

観念説から出発した蓋然性説(4)は行為者の観念した蓋然性の程度、即ち知識関係の強さを決定的な規準と考える。行為者の観念において、結果発生の可能性が結果不発生の可能性よりも蓋然性ある場合には、未必故意と認定される。結果発生の蓋然性を予見した以上、それにも拘らず行為に出ることは、結果が発生する場合も承知のうえであった、という理由に基づく。これに対して認容説(5)は、観念された結果発生の可能性に対する行為者の感情的態度（emotionale Einstellung）を決定的なものと考える。行為者が結果発生の可能性を観念している場合に、更にそれを積極的に評価し、是認し、認容したときにのみ故意を認める（積極的認容説）。この認容説が通説である。

いま挙げた蓋然性説は結果の発生に対する一定の観念、即ち、結果に対する行為者の心理的関係そのものをとらえている点ではすぐれているといえよう。蓋然性ある結果発生の観念をもちながらなおかつ行為に出るときにはより強い犯罪人的エネルギーを示しているということ、更に、高度の蓋然性を観念しているときには直ちに結果の発生を承認したものと考えてよいということ、それは確かにそうである。そのときには、たとい行為者が結果の発生を承認していなかったといったところで一般には通用しない。しかしこのことは蓋然性説に与する理由とはならない。むしろ、このことは単に可罰性の程度の差別が存在するに過ぎないことを証明しているのであるから、結果発生の可能性の観念はあるが蓋然性の観念のない場合をaliudとして故意の領域から追い出すことによって、質的な取扱いを必要とするところの故意と過失との区別を、量的な規準で処理することとなる。(6) 賛成できない。蓋然性という概念自体は確定的な限界に適するものではない。結果の発生を観念したことによって反対動機が形成されなかった、ということが故意に特有の要素である限り、この観念は結果発生の蓋然性の観念ではなくて、単なる可能性の観念で十分なはずである。結果発生の可能性が観念された場合に、この観念あることが直ちに故意を理由づけるのではない。観念しながらなおかつ行為に出た、という行為者の動機形成過程が重要な点である。(7) これに気付いていたフランクは、未必故意と認識ある過失とを限界づける規準として、いわゆる〝フランク形式〟を樹立した。それは〝行為者がもしも結果の発生は確実だと観念したならば、彼はそれによって行為を阻止したであろうか〟という一つの仮定である。仮定的認容説と呼ばれている。しかしこの仮定は殆ど無意味である。なぜなら、ここでは現実の可能性に対する態度決定を仮定された確実性に対する態度決定によって置き換える、という試みがなされているからである。問題は、現実に観念した可能性に対して行為者はいかなる態度をとったか、ということである。仮定された確実性に対する行為者の態度が証明されても、その結果をそのまま現実の可能性に対する答とすることは許されない。これに対して、いま述べた積極的認容説は〝認容〟(Einwilligung, Inkaufnehmen)という一つの感情的なメルクマールを提出して、動機形成過程の重要な点をつかもうとした。しかし、行為者のこの感情的な評価を決定的な規準とすることは、しばしば、恣意的な結果を招くこととなる。例えば、積極的認容説が故意を認めるために認容という積極的な評価を要求する限り、結果発生のかなりの可能性を観念した場合にも、更にそれを認容することなくして行為に出たときは過失となり、逆に、結果の発生が不明な程度の可能性を観念したに過ぎない場合に、行為者が万が一の結果の発生ならば致し方ないと考え、それを認容して行為に出た以上は故意を認めることになる。このように感情的な評価によって、全く等しい質および強度をもった観念のある二つの場合が故意にも過失にもなる、ということは我慢ができない。[8]

意思説の主張者からもそれぞれ蓋然性説、認容説の展開が試みられている。[9]しかし、意思説は故意の本質を結果の意欲と見るから、蓋然性説では結果発生の蓋然性はこの意欲の存在の徴表としての意味をもつに過ぎないこととなるし、また、認容説では可能な結果に対する行為者の感情的な評価（認容）を決定的なメルクマールとするのであるが、ヒッペルの如くこの認容を広義の意欲と考える点に特色があるだけで、[10]妥当な解決を与えないことは、観念説に基づく各々の場合に見たと同様である。

このように、蓋然性説および認容説はいずれも故意と過失との限界を明らかにするには不十分であると考え、両説をより高い立場で統一した新しい動機説が現れた。この立場に立たれる井上教授の説明によれば、〝結果の表象が存しながらもそれを否定することがなかったが故に反対動機となりえなかった場合〟[11]に未必故意が認められる。即ち、この立場は、故意と過失との区別の重点を動機形成過程そのもののなかに求めるのではなく、なぜ違法な結果の観念が意思活動を抑制すべき動機となりえなかったか、という理由としての観念を否定しなかったことのなかに求める。[12]〝観念を否定しなかった〟ことが観念の存在そのものを意味するのであれば、この心理的事実に着眼されたことは判断が恣意的になるという非難を免れるであろう。しかし、結果の観念が存しながらもその観念を否定することがなかったという場合には、積極的認容説のいう積極的評価、是認、認容を消極的立場から見たまでで、結論においては、同じく行為者の感情的な評価が決定的規準と考えられているのではなかろうか。もしそうなら、認容説が受けた批判を再び受けなければならない。

蓋然性説、認容説、動機説はいずれも、問題になっている中間領域の全部を故意、或いは過失のいずれかに引入れようとしない点で一致している。それらは単にこの領域の内部で限界線を引くに際して用いる規準を異にするに過ぎない。しかし限界線の規準について考える場合には、問題はむしろ、故意は結果発生の確実性の観念を前提とするか、或いは可能性の観念で十分であるか、という点に求むべきであると考える。現実に可能性の観念がある場合に、更にそのうえに行為者の評価を必要とするということは、いたずらに問題の解決を複雑にする。可能性の観念とそれの認容との間には必然的に Identität が成立つ。[13] 認容は観念とは異なった意識関係を意味するのではなく、観念をもちながら行為する者にとっては観念に随伴するのが通常であり、観念そのものに確実性を与えるものでしかないからである。可能性の観念が存する場合には、行為者が行為に出てしかもそれを認容しなかったということは、一般的には考えられない。そうでなければ、前に述べたように、かなりの可能性を観念しながら認容という積極的な態度決定がなかったために故意を認めることができない、という奇妙な結果になる。可能性の観念をもちながら行為に出ることはすでに結果の発生を認容したと見てよい。可能性の観念をもっている場合、即ち、問題になっている中間領域を更に行為者の評価を規準として故意と過失とに分けることは考えるべきではない。これを分けようとするところに実際上の困難が生ずる。観念された結果の認容といい、結果の発生を否定しなかったことといい、その表現は我々に明確な概念を与えてくれない。それは〝望ましい〟という積極的な態度から、〝どうでもよい〟という無関心な態度を経て、〝望ましくないが致し方ない〟という消極的な態度に至るまで、解釈によって種々の規準が現れる。また、認容されたか否かを決定することは更に困難である。人間の内心的態度はそれほど常に明瞭ではない。実際上の困難性は不公平な判決を生む結果となる。

（1）クラインおよびアルメンディンゲンの文献ならびに理論についてはレフラーが詳細に研究している（A. Löffler, Die Schuldformen des Strafrechts in vergleichend-historischer und dogmatischer Darstellung, 1895, S. 209 ff., 219 f.)。

(2) A. Feuerbach, Revision II, 1800, S. 61.

(3) 桂静子・「責任論の一考察」法学論叢六〇巻一・二号、一二八頁、註二参照。

(4) 主たる代表者は H. Meyer, Grünhut, Exner, Sauer, Grossmann（もちろんニュアンスの差はある）。

(5) これに従う者は Frank, Nagler, Mezger（彼の理論構成は少し異なる）, R. G.

(6) H. Schröder, Aufbau und Grenzen des Vorsatzbegriffs, Festschrift für W. Sauer, 1949, S. 230.

(7) M・E・マイヤーはこの点に着眼して、〝行為者の認識と意欲とを動機の概念においてより高い統一へ結合する〟という考えから動機説 Motivtheorie を樹立し、観念説と意思説を統合して規範倫理的方向に向かって責任判断の実体をつかむことに努力した（M. E. Mayer, Lehrbuch, 1923, S. 240）。

(8) H. Schröder, a. a. O. S. 229.

(9) ヒッペルはこの認容説の代表者と考えられる。

(10) 意思説が故意に必要だと考える〝意欲〟をいかに理解するかが問題である。ヒッペルは〝未必故意は、違法な結果の意欲でなくても、故意に属さなければならない〟という（V. Hippel, Z. 31, S. 586）。

(11) 井上正治・「故意と過失の限界――主観的違法要素に関連せしめて――」刑法雑誌一巻二号、六二頁。

(12) 井上教授の用語である〝表象〟は、ここでいう〝観念〟とほぼ等しい意味をもつと考える。

(13) H. Schröder, a. a. O. S. 231.

三　三分説の試み

中間領域を未必故意と認識ある過失、従って故意と過失とに分けることの困難性は、本来分けるべきでないものを引分けようとすることに基づく。そう考えて、レフラーおよびその後継者であるミリッカは異なった責任形式の構成を試みた。即ち、責任形式の三分説である。彼等は、法律が故意と過失との二つの責任形式を認めているに過ぎないからといって概念上もこれ以外のものを認めてはならない理由はない、という考えから、責任は行為と行為者との心理的関係の刑法上の重要性に応じて段階的に区別され、責任形式はこの段階に応じて定められなければならないことを提唱した。この観念から、彼等は Absicht（意図）、Wissentlichkeit（認識）、Fahrlässigkeit（過失）という三つの責任形式を認めた。(1) ミリッカによれば、まず結果の認識のある場合（Wissen）と認識のない場合（Unwissen）とが厳格に区別され、次に認識のある場合に、それに加えて認識された結果の意欲が伴う場合には Absicht という特別の評価が与えられる。Absicht を除いた認識ある責任、即ち、結果は認識しているが行為への意思がこの結果の方向に働いていない場合は Wissentlichkeit であって、これにはいわゆる認識ある過失が含まれる。かように考えてミリッカはいま述べた三つの責任形式を作り、更に次のように説明する。Absicht の本質は違法な結果、即ち、他人の法益の侵害を目的としたという点にある。Wissentlichkeit においても、結果発生の必然性を観念した者は、確かに他人の法益侵害に対する無関心の高い程度、従って、強い犯罪人的エネルギーを表明している。しかし、彼の目的はこの結果にあったのではなく、この結果は、おそらく無害な他の目的を達成する途中にあったために目的そのものと矛盾する、という理由で等閑視されたに過ぎない。これに反して、Absicht の場合は直接に違法な結果を目的としたのであって、行為者は失敗した場合にもなおこの目的を達成させようとして行為を繰り返すことさえ決心するから、行為者の犯罪を行うという危険な性格は Wissentlichkeit の場合に比べてはるかに大きい。しかし更に、結果の認識のある場合とない場合とは、はっきり区別されなければならない。重要なことは、違法な結果の認識ある場合を認識責任（bewusste Schuld）として一括することである。認識責任の本質は違法な結果の認識にあって、この認識は結果の必然性の認識を必要とせず、結果の可能性の認識で十分である。(2) かようにいう。ここでいう認識責任は未必故意と認識ある過失とを合せたものに相当する。

レフラーおよびミリッカは〝有害な結果に対する行為者心理の刑法上重要な関係〟ということを主張して三つの責任形式を認めたのであるが、この責任形式の三分類は、行為者に重い責任、或いは軽い責任を負わせるために、何が刑法上重要であるか、という本質的問題に十分な解答を与えなかった。彼等は結果に対する行為者の心理的関係に注目したが、そのことによって非難の程度を段階づけたに過ぎない。故意と過失とは本質の異なった責任形式である。故意の上限から過失の下限に至るまで単に連続的なニュアンスの変化があるに過ぎない、というようなものではない。もしそうなら、三分に限らず更に四分、五分の責任形式を認めてもよいわけである。

三分説は支持者をえることなく、むしろ否定されたまま今日に至っている。その主な理由は、法律は二つの責任形式、即ち、故意と過失とを認めているに過ぎないから、三分説は現行法の解釈には役に立たない、いわば立法論である、ということである。(3) ただ、三分説が各々の責任形式の間に明確な限界線を引きうべき地位を示したことは、限界線を上下する疑わしい場合に死刑か罰金か、或いは有罪か無罪かを決定しなければならない裁判官の苦しい立場を救う、という実際的意義を与えることになろう。三分説を主張したレフラーおよびミリッカの意図はむしろこの点にあったと考えられる。(4) 我々はこの点を顧慮しつつも、故意と過失との二つの責任形式を理論的に区別することに努力しなければならない。

(1) A. Löffler, a. a. O. S. 5 ff.; A. Miricka, Die Formen der Strafschuld und ihre gesetzliche Regelung, 1913, S. 37 f.
(2) A. Miricka, a. a. O. S. 16 f., insb. S. 45, 161, 173, 199.
(3) v. Hippel, Vergleichende Darstellung des deutschen u. ausländischen Strafrechts, Allg. Teil. Bd. 3, S. 536; E. Wolf, Strafrechtliche Schuldlehle, 1. Teil, 1928, S. 49 参照。
(4) レフラー＝ミリッカの三分説については、桂・前掲一二九頁以下参照。

四　私の立場

私は、故意と過失とを区別する際に、その限界を、結果の観念があったかなかったかという点に求めることによって、最も明確な解答がえられ、しかも、この解答は故意および過失の本質にも則しうるものと考える。次のようになる。故意は二つの場合を含む。一つは、行為者が自己の行為によって違法な結果を引き起こすことを意図して行為に出た場合であり、他の一つは、行為者が自己の行為によって違法な結果の生ずるかも知れないことを認識しつつ行為した場合である。後の場合はいわゆる未必故意といわゆる認識ある過失とを含んだものである(1)。この二つの場合には違法な結果に対する行為者の心理的関係が認められる。次に過失は、行為者が不注意によって自己の行為が違法な結果を引き起こすことを観念せずに行為したために結果が生じた、という場合である。この場合には違法な結果に対する行為者の心理的関係はない。従って、この心理的関係の存否が故意と過失とを区別する重要な鍵となる。もちろん、故意にせよ、過失にせよ、責任ありという評価を下すためには、この心理的関係の存否そのものが重要なのではなく、これに基づいて行為によって具体的に示された内心的態度が重要である。即ち、故意の場合には、違法な結果の発生を観念したことによって、違法な結果を避けるべき法上の義務が課せられているのに、これに背いた内心的態度が問題となり、過失の場合には、注意して結果の発生を観念すべき法上の義務が課せられているのに、これに背いたという内心的態度が問題である。故意と過失とを区別する規準もこの観点から定めるのが理論的ではある。しかし、違法な結果を観念している場合には常にこの結果を避けるべき義務が課せられており、違法な結果を観念しなかった場合にはじめてこれを観念すべき義務（注意義務）が問題となるということができる。その限りにおいては心理的関係とそれに応じて課せられた義務に違反する内心的態度とが必然的な関係にあると考えてよいから、故意と過失との区別を問題にする場合には、そのときの心理的関係を問題にしさえすれば十分である。むしろこの方が本来の姿に則したやり方で、問題の解決を簡単にすると思う。

従来、故意と過失とは責任要素としての心理的要素に共通性がないために、この点からは、故意と過失とに共通した責任の上位概念を作ることはできないと考えられていた。例えば、ラートブルフは〝故意の判断は心理学の領域にあり、過失の判断は倫理、或いは法の領域にある〟というゾイフェルトの言葉を引用して次のように述べた。故意は現実の心理的状態（psychischer Zustand）であり、過失は精神状態（Seelenzustand）、しかも、この精神状態が正常なものからはずれていることを意味する。従って一方は事実（Tatsache）であり、他方は（価値）関係（Relation）であるから、それらを一つの上位概念のもとに置くことはできない、と。(2) 実際、Vorsatz（故意）という言葉のなかには積極的或いは消極的な意欲のみを見出す、とシュトゥルムがいったように、故意は結果に対する行為者の心理的関係そのものを現しているのであって、それ自体は直ちに責任を意味するものではない。故意は心理的観察にのみ役立つ言葉である。これに反して、Fahrlässigkeit（過失）という言葉はそれ自体責任を現している。即ち、過失は倫理的、規範的観察に役立つ言葉である。過失の責任を負わすべき場合には結果に対する行為者の心理的関係は無であるから、心理的関係を現すに過ぎないところの、故意に相当する言葉はない。また、過失はそれ自体が責任を現しているのであるが、故意の側には過失に相当するところの、責任それ自体を現す言葉はさしあたって見付けることができない。(3) 故意と過失とを併列させるに役立つ言葉は〝故意〟でも〝過失〟でもなく、むしろ〝義務違反〟と〝結果の観念〟とである。義務違反という言葉を用いる場合には故意と過失とを倫理的、規範的な面で併列させ、結果の観念という言葉を用いる場合には故意と過失とを心理的な面で併列させる。この場合に、規範的な面では故意と過失とは責任非難として統一されるが、心理的な面では故意と過失とは観念のある場合とない場合として、責任形式において分離される。近代の責任論が古い責任形式論を脱却して、心理的観察領域から規範的観察領域へ問題の中心を移すことによって分離から統一に向かって発展させられたことを考えると、故意と過失との分離をいままた問題にすることは奇妙に見える。しかし、ここでは非難としての責任の本質問題、従って、責任概念の構成に努力しているのではなく、その前段階ともいってよい責任形式の各々の姿を明確にすることを問題としているのである。即ち、分離されている状態を再検討しようとするものである。その限りでは、さしあたって規範的関係の観察を排除し、心理的関係に観察の目を向けるのがものの道理であろう。それ故に私には、今日、故意の責任形式と過失の責任形式とを分けることを問題にする際に規範的関係の観察を割込ませること、それが故意と過失との限界の決定を困難にする一原因を与えていると思われる。この点を顧慮しつつ考えを進めよう。

心理的関係は、さきに述べたように、違法な結果の観念である。責任判断においては、我々は結果と行為者との主観的な関係を問題としているから、この場合、客観的に結果の発生が可能であるかどうかは問題ではない（このことは非難の大小には関係するかも知れない）。行為者が頭に思い浮べた結果発生の観念が重要である。結果の発生は確実、蓋然、可能というふうに段階づけられる。ここで結果の観念という場合には、結果発生の確実性の観念はもちろんのこと、結果発生の単なる可能性の観念も含まれる。この場合にも故意に特有な心理的関係の存在を認めることができる。なぜなら、刑法規範は確実な観念のある場合に行為に出ることを禁ずると同時に、単なる可能性の観念をもっているに過ぎない場合にも同様に行為を禁じていると考えられるからである(4)。

結果発生の観念に対して、次に行為者の内心で積極的および消極的評価が下される。この評価には行為者の感情が伴う。或るときには観念された結果が現実に生ずることは望ましいと考え、或るときには実際に生じても致し方ないと思い、また或るときには生じないことを願う。可能な結果が現実に発生しないことを願う場合には、往々、結果発生の可能性の観念を否定することに努力が払われる。行為者は〝きっとうまくいくだろう！〟という言葉を信じようとする。しかし、そのときにも結果発生の可能性はなお現実に意識に残っている。行為者の内心において現実の結果発生の可能性が希望されたか否定されたかということは、刑法上重要な意味をもたない。結果発生に対する観念の度合、この感情評価の種々相は、これに応じて法上の義務に服従することを期待しうる程度が異なると考えられるから、それによってこの責任形式（故意）の内部で更にいくつかの種類を作ることは差し支えない。例えば、未必故意や認識ある過失に相当するものが考えられてもよい。しかしここで重要なことは、可能性の観念のある場合が行為者の内心の評価によって故意と過失という質の異なった責任形式に分割されてはならないということ、いわゆる認識ある過失をここから追い出してはならないということである。未必故意は観念された可能な結果を希望し、認容した場合であり、認識ある過失は観念された可能な結果を否定し、それを嫌忌するか、その不発生を希望した場合であると説明されるが、いかようにいおうとも、それは感じ方の差に過ぎない。これは観念された結果に対する行為者の感情評価の面から見た差別である。未必故意と認識ある過失とは、等しく結果を観念しているという点で、重要な心理的要素を共通にしている。行為者は彼の（違法でないところの）直接の目的を達成するために、彼の観念によって排除することができない違法な結果の可能性を甘受している。他人の法益の侵害の可能性を意識的に甘受することは、それを意識的に侵害することと法上は等しい価値をもつ[5]。違法な結果を観念したときには常にこれを避けるべき義務が生ずる。故意責任の内容はこの義務に背いたこと、または、義務をつくさなかったことであるから、結果の観念が故意の責任形式に特有のものである。

故意と認識ある過失との異なる点は、第一には、故意には結果の意欲または認容という肯定的な感情評価が加えられるが、認識ある過失には嫌忌という否定的な感情評価がなされるということ、第二には、認識ある過失は結果が現実に発生した場合にのみ罰せられるという点である。第一の点については、行為者の感情があまりに高く評価されているといいたい。故意の行為者が観念した違法な結果をなおそのうえに意欲するということは、単に非難を加重する条件であって、故意の成立に必要な条件ではない。従って逆に、行為者が観念した違法な結果を嫌忌したということは、非難を軽減する条件ではあっても、故意の成立を否定することはできない。即ち、故意の成否についての判断ではなく、故意の内容に関する判断に意味を与えるものである。これに対して、行為者が結果の不発生を確信している場合は、観念した結果の可能性を嫌忌し、否定した場合とは異なる。不発生を確信している者は発生の可能性を観念することはできない。観念は現実の結果発生の可能性を認識することである。狙っている猟獣の傍に人がいる場合に殺人という違法な結果の発生する可能性を認識することが観念であって、人もいないのに、陰から飛出して来るかも知れないと思うことは単なる仮定であって、現実の意味をもたない。かように種々の場合を仮定して、現実の意味をもたない可能性を憶測してみることは刑法上重要ではない。第二の点、認識ある過失が罰せられるためには行為者の観念した結果が現実に発生しなければならないという点については、これは心理的な観点からの必然的な要求としてではなく、むしろ行為者の帰責の一つの制限として考えられるに過ぎない(6)。このことは、未必故意の未遂も実際上は問題にならないことからも推論できる。違法な結果の観念がある場合に、結果を観念した度合およびこれに加えた感情評価の種類は、それによって心理的関係に量的な差別をつけることはできても、心理的関係の存在を否定することにはならないから、この間に質的な区別を認めるべきではない。この量的な差異は故意における情状の問題として片附けられる(7)。

これに反して、違法な結果に対する観念のない場合、即ち、認識なき過失と呼ばれているものは、いま述べたものから区別される。結果に対する観念があったか、なかったかということが重要な点である。我々は日常生活で、無意識に行動したことが何の障害も起さなかったために無事に済んだ、という場合をしばしば体験する。善い行いにせよ、悪い行いにせよ、行為自体が評価の対象になるのは、常にその行為について意識的に行動した場合である。無意識の行動が問題になるのは、たまたま重大な結果が発生したためである。しかも、それが不注意に基づくという点が非難されるのである。即ち、違法な結果を観念しなかったことが、結果を引き起こしたために、注意して違法な結果を観念すべき義務に背き、または義務をつくさなかったものとして非難されるのである。過失責任の内容はこの義務の違反であるから、結果の観念のないことが過失の責任形式に特有のものである。行為者がもしも結果を観念していたならば、行為は行われなかったであろう。即ち、反対動機が形成されていたであろう。この点は、認識ある過失が、もしも結果発生の可能性について正しい観念をもっていたならば反対動機が形成されていただろう、という点と類似している。認識ある過失が過失と考えられる一つの理由はここにある。過失には錯誤が本質的である、と説かれるのはこれである(8)。それは、過失は観念の欠けている場合、または正しい観念の欠けている場合であるということを意味する。正しい観念がなければ、誤った観念があっても、法上の価値は観念がないのと同じである。しかし、認識ある過失の場合に正しい観念がないといわれるのは、行為者は結果の可能性を観念しながら内心においてそれを嫌忌し、否定したことを意味する。そうでなければ、観念がないのに認識ある過失ということは矛盾である。この場合に内心の評価を誤った点には不注意があったかも知れない。このことはまた、認識なき過失が結果の発生を全然観念しなかった点に不注意があったのと似ている。フォイエルバッハ以来、過失責任は注意義務の違反であると一般的に説明されている。この場合に何を注意すべきか、ということを忘れてはならない。一般的に何事にも注意すべき義務だと解するならば、そのような注意義務は故意の場合にもあるからである。例えば、未必故意の場合に行為者が注意をつくしていたら結果発生の確実性を観念することができたであろう、従って反対動機が形成されていたであろうに、不注意によって万が一の可能性しか観念しなかったために、たかをくって行為に出たという場合が考えられる。この場合を注意義務違反といわないならば、同じ事情にある認識ある過失の場合も注意義務違反でないといわなければならない。過失の際に注意義務違反といわれるのは結果を観念しなかったことについての注意義務違反であって、むしろそれは〝結果を観念すべき義務〟といった方が事柄が明確になる。この義務の違反は、繰り返していうように、結果を観念しなかった場合にはじめて問題となる。過失は結果の観念のない場合である。注意義務違反の観点から認識ある過失と認識なき過失とを結びつけようとするのは、規範的な面からの観察を施して問題を混乱させるもののように思われる。

更に認識ある過失が過失に数えられるもう一つの理由は、認識ある過失の Ton-Intervall（音程）が故意よりも過失に近いということである。我々は責任のいろいろな種類を直感的に次のように並べる。故意、未必故意、認識ある過失、過失、そしてこの次には無責任が来る。シュトゥルムの言葉を借りれば、これは故意に向かって高まりゆく Skala（音階）を形成する。(9) これで見ると、なるほど認識ある過失は故意よりも過失に近いように見える。行為者の結果観念の有無、明確度、結果発生の可能性の大小、従って非難の大小はこの Skala に応ずる。しかし、これらの点から見て Ton-Intervall が近いというだけで認識ある過失を過失に入れるのは、いかにも形式に流れる。しかも Skala は低音から高音へ漸次に移行するから、Ton-Intervall が近いというだけでは、どこまでを過失に入れてよいか見当がつかない。我々がここで故意と過失との限界を求めるとすれば、この Skala のどこかで質的な変化を示している場所をとらえなければならない。それは非難の大小でもなく、結果発生の可能性の大小でもなく、観念された結果に対する行為者の感情評価でもない。それは結果に対する行為者の観念の有無を規準とする以外にはない。責任非難は故意において重く、過失において軽い。これは故意と過失との質的差異に基づくものである。しかし故意の内部では、非難の大小は種々の要素の総合によって定まるから、必ずしも常に、未必故意に相当するものが認識ある過失に相当するものより非難の程度が高いということはいえない。(10) 例えば、客観的な結果発生の可能性とその観念に対する主観的な評価との間の背馳によって、逆の場合も起りうる。これは故意に属する種々の責任の種類が結果の観念という、質的に同じ心理的要素を共通にしているからである。

以上述べたことによって、結果に対する観念のあることを特徴とする故意の責任形式には従来の直接故意、未必故意、認識ある過失が含まれることとなり、観念のないことを特徴とする過失の責任形式は従来の認識なき過失を指すこととなる。ただ、前にも述べたように、結果は発生しないという確信をもっている場合は観念がないものと考える。このときには〝故意〟・〝過失〟という言葉は不適当であるかも知れない。さしあたって〝観念に基づく責任〟・〝観念のないことの責任〟とでもいおうか。この観念の有無によってのみ故意と過失との画一的な限界づけが可能となる。そこで人はいうかも知れない、結果に対する行為者の評価を無視して、単に観念の有無によってのみ故意か過失かを決めるとすれば、あらゆる可能性を不安げに注意深く疑う者は故意の非難を受けるに反して、何も疑うことなく漠然と生活している者は過失の非難を受けることとなり、注意深い慎重な行為者に不当に重い責任を負わせることになる、と。しかしこのことはむしろ違法性に関する問題である。即ち、個々人は違法な結果の可能性に対していかなる態度をとるべきかの問題である。社会生活には必然的にある種の危険が伴われる。この危険は社会生活を行うについて必然的な悪として法秩序からも認容されている。従って、行為者がこの危険、即ち、許された法侵害の結果の可能性を観念して行為したということはもはや意味をもたない。また、法侵害の可能性が〝quantité negligeable〟（放任してもよい量）として扱ってよいほど極少の場合がある。かようなものはここで問題とする〝可能性〟には含まれない。行為者がこのような可能性を考えていても、刑法上は重要な意味をもたない。この許された危険の限界を確定することは、それ自体責任論の問題ではない。しかし、禁止された危険、即ち、刑法上意味ある可能性に関しては、それを観念しながら行為した者は、不注意にもそれを観念しなかった者、或いは可能性のないことを確信していた者よりもより重い責任を負わされることは否めない。なぜなら、より多くを知り、観念している者は、何の考えをももっていなかった者とは異なった義務が課せられているから。この義務に基づいて負わされた責任は不当な責任ということはできない。だからといって、注意深い者が軽率な者より常に損をするということもいえない。逆に考えれば、注意深い、慎重な者は、違法行為を行わないことによって、過失行為の非難からも免れることができる。(11)

とにかく、故意の責任形式は範囲が広げられたわけである。しかし、刑法は原則として故意行為を罰し、また、故意犯の刑の量定範囲は極めて広く、融通がきく。裁判官の専断はここでも免れえないことは別として、[12]私はこれによって、未必故意と認識ある過失とを、故意と過失とに分ける際に生ずる不合理な弊害を除くことができると考える。

（1）瀧川幸辰博士が最初にこの分類を認めておられる（瀧川・刑法講義、昭和三年九四頁、同五年改訂版一〇二頁以下）。

（2）Radbruch, Über den Schuldbegriff, Z. 24, 1904, S. 345.

（3）F. Sturm, Die strafrechtliche Verschuldung, 1902, S. 47 参照。

（4）シュレーダーはこのように述べ、その説明として次のようにいう。侵害犯の刑法上の規範は単に侵害する故意（Verletzungsvorsatz）だけではなく、危険にする故意（Gefährdungsvorsatz）をも含んでいる。従って、侵害のほかに侵害の可能性も一般的に刑法上禁ぜられる。なぜなら、危険は可能な侵害を意味するから、彼の行為によっておそらく法侵害が生ずるという行為者の意識は、未必故意として認められているところの、いわゆる危険にする故意に等しい（H. Schröder, a. a. O. S. 226 f.）。

（5）H. Schröder, a. a. O. S. 238.

（6）v. Ferneck, Die Idee der Schuld, 1911, S. 36.

（7）宮本英脩・刑法學粹三〇六頁。

（8）過失と錯誤に関しては K. Engisch, Untersuchung über Vorsatz und Fahrlässigkeit im Strafrecht, 1930, S. 256 ff. 参照。

（9）F. Sturm, a. a. O. S. 53.

（10）Engelhard u. Radbruch, Strafrecht, 1949, S. 27 参照。

（11）H. Schröder, a. a. O. S. 239 ff. 参照。

（12）従来でも実際の裁判においては認識ある過失の事件例は殆どなく、またそれらの多くが未必故意として扱われた例から見ても、認識ある過失を故意に入れたからといって、そのために特に裁判官の専断を招くとは考えられない。

4　主観的犯罪構成要素としての故意

一　まえがき
二　主観的違法要素に関する学説の紹介
三　故意を主観的違法要素とする見解
四　むすび

一　まえがき

ここに改めて述べるまでもなく、近代刑法学において再び激しい理論闘争が展開されるきっかけを与えた目的的行為論は故意（説明の都合上過失は省く）を責任の領域から追い出した。このことは直接には目的的行為論が、その名の示すとおり、新しい行為概念を打立てることによってもたらされた結果であるが、同時にまた、規範的責任論の樹立および主観的違法要素の発見などによる刑法理論の進展と全く無関係であるとは考えられない。(1) しかし、この刑法理論の発展が故意に責任とは別の新しい安住の地を与えることを促したとして、果してそれは正しいだろうか、正しいとすれば今日故意はそれに最もふさわしい場所を見出したといえるだろうか。犯罪の理論が行為を基礎として構成要件・違法・責任という構成をとることは今日なお広く承認されている。このことを前提とする限り、故意は行為、構成要件、違法、責任のいずれかに居所を定めなければならない。またすでにそのいずれもが試みられている。それらを一々検討したいが、さしあたってここでは主観的違法要素の発見、承認との関係において、また目的的行為論との関係において故意を違法の要素とすることの当否を考えてみようと思う。

（1） Gallas, Zum gegenwärtigen Stand der Lehre vom Verbrechen, 1955, S. 2 ff. 参照。

二　主観的違法要素に関する学説の紹介

主観的違法要素をめぐる理論の歴史は、一九一一年、H・A・フィッシャーが次の意見を提出したことにはじまるといってよい。即ち彼は、独民法第二二六条の「他人に損害を加える目的のみをもちうる」権利行使を禁ずる規定に関し、更に、一般的に「美風良俗に対する違反」に関して、これらの場合には「行為者の非難すべき心情が、一個の色彩のない構成要件或いは権利行使を、それらは彼のこの心情のために法によって否認されたものとなるというふうに」色付けるのである、という。また逆に、「それを惹起することが原則として禁ぜられている結果が行為者の追究する目的のために許され、行為者にその権利さえ与えられる」場合がしばしばあることを指摘した。彼は、理論的に主観主義的違法観に通ずる命令説を否定し、客観的違法の基盤に立ちつつ違法から主観的要素を全く取除くことはできないと主張し、刑法に関しては特に防衛の目的でする毀棄、緊急状態を除去するための自己救助などを挙げた(1)。フィッシャーのこの研究は大した注目を浴びなかった。彼は違法阻却事由の叙述において主観的要素を持ち出してはいるが、その性格、特に責任要素との違いを見極めることをおろそかにしているからである。しかしこれをきっかけとして主観的違法要素の問題が真剣に取り上げられるようになった。年代を追うて次に簡単に述べる人たち――もちろん客観的違法論の立場に立っていることを前提として――は、それぞれ違法の本質を正しく理解しようと努力することによって主観的な違法要素と正面から取り組んだ。

まずヘーグラーは、チュービンゲン大学における彼の前任者であったベーリングが犯罪概念を極めて形式的な観点から構成し、形式的カテゴリーの上に築かれた刑法体系を構想したのと反対に、目的論的な刑法体系を立てることを試みた。違法とは単なる法違反或いは規範違反であるという、当時のありきたりの形式的な答は彼を満足させなかった。目的論的な研究のみが形式的な違法概念に実質的な内容を与えることができる。違法を実質的に社会有害性、生活利益侵害性と考えるなら、ある犯罪――彼はこれを「超過的内心傾向をもった犯罪」Delikte mit überschiessender Innentendenz と名付ける――では故意とは別に外界の出来事に対応しない心理的要素が要求される。これらを故意の構成分子として責任要素とすることは誤っている。この要素は「狭義の責任」を「行為についての支配」Herrschaft über die Tat として理解する目的論的な考えからは責任要素としての任に耐えられないからである。それはむしろ「主観的なものに解消された」社会有害性、利益侵害的態度の要素にほかならない。ヘーグラーはかように考える。(2)

ヘーグラーと同じ時期、また類似の犯罪理論の構成からM・E・マイヤーも主観的違法要素の存在を承認するに至った。彼によれば構成要件と違法とははっきり区別されている。構成要件概念は——ベーリングに従って——行為の外的側面が法上の構成要件の客観的メルクマールと一致する範囲に限られ、違法は構成要件該当の行為事実に対する価値判断である。構成要件該当性は違法性の最も重要な認識根拠であり、それは火と煙の関係にあるが、両者は決して同一ではない。「主観的違法要素」の存在がこのことを示す一つの理由となる。構成要件が行為の外面的、純客観的な面に限られるとしても、「行為の違法性は常に行為者の目的を顧慮することなく確定されうるか」ということはこれとは別個の問題である。また違法は客観的に考えるべきだとしても、それが行為者の主観的な目的は違法要素たりえないということの理由とはならない。マイヤーも違法概念を実質的に定めることに努力し、ビンディングの規範論を社会的なものに向けた命題にたどりついたことは周知のとおりである。マイヤーは違法のこの目的論的な観察により、行為者の目的のごとき主観的なものが違法の実質的内容を理由づける要素となりうることを認め、この主観的要素は責任要素ではないと述べ、生徒の父親に対する復讐の目的をもってする生徒への教師の懲戒行為は適法か否か、というフォン・バールの有名な例を用いて主観的違法要素と責任要素との差異を説明する。即ちマイヤーによれば、この場合故意は教師の意思と生徒の虐待との関係にあるが、違法は生徒の虐待と父親の侮辱との間の関係にある。主観的違法要素と責任要素との対立は「何の目的で」Wozu? および「どういう原因から」Warum? という質問の対立と同一であり、目的と動機の対立、従って目的論的観察方法と因果的観察方法との対立と同一である。この際対象が同一の主観的内容をもっていても差し支えない。(3)

ザウアーもまたM・E・マイヤーと同様に法律学を文化――（価値）――科学としてとらえ、従って規範的、目的論的な観察方法がこれに固有のものであり、自然主義的ではなく、規範的な観察のもとにのみあらゆる根本問題が把握できる、という考えから出発する。しかし彼にとっては構成要件は実質的な違法の類型化 Vertypung である。彼は構成要件を類型化された違法として特色づけることによって、構成要件を形式範疇として価値とは無関係に把握したベーリングの理論に方向を与え、同時にM・E・マイヤーがベーリングに従ってなした構成要件と違法との論理的分離を放棄した。構成要件も違法も実質的には法に対する矛盾の表現という同一の意味が与えられるべきであり、ただ違法は直接法に対する矛盾を表現するものであるのに対して構成要件はそれを「認識する目じるし」Erkennungsmarke である。即ち「実体」Wesen に対する「徴表」Symptom であるに過ぎない。彼によれば、違法は、ある態度の「一般的客観的に把握された傾向から見て国家およびその構成員にとって益するよりも害するところが多い」という価値判断であり、これに対して責任は、彼の違法な反社会的態度について行為者がなした判断に対する法秩序の無価値判断である。この責任の判断は、行為者の態度の違法性に関する彼の個人的判断が正しくないということを確定するだけでなく、更に、行為者は同時に「義務に違反して」行為したという内容の価値判断でもある。違法と責任とはザウアーにおいてもかように評価の基準を異にすると同時に、また評価の客体に関しても厳格に区別される。違法の客体は外部的態度であり、責任の対象は心理的要素でありうるに過ぎない。しかし彼もまた主観的違法要素の意味における例外を認める。即ち窃盗の領得の目的、詐欺の利得の目的は彼によれば構成要件の一つに数えられる。これらの犯罪の単に外部的なメルクマールだけでは、いまだ類型化された違法とはいえない。主観的なメルクマールはこれらの犯罪の構成要件に本質的なものであり、類型化された違法の構成部分をなし、類型化それ自体において欠きえない部分である。従って主観的要素がない場合には構成要件は完成していないであろう。それらは単に技術的な理由から主観的なものに転用されているに過ぎない。かようにザウアーはいう。

しかし彼は右の場合以外に主観的違法要素の成立を認めることを否定する。殊に違法阻却事由に主観的要素が意味をもつということに反対する。彼によれば、違法の客体は社会に有害な結果への一般的傾向をもった外部的態度である。行為の個々の目的ではなく、行為事実の一般的な目的、行為の一般的な傾向が違法評価の客体であり、行為に内在する目的が追究されねばならない。ザウアーはかように考える。従って、客観的に教育に役立ち、正常な限界内にある懲戒行為は、教師が同時に生徒の父親の復讐を目的としていたとしても、常に適法である。「国家は客観的に国家に有利な行為がなされるならそれを喜ぶべきである」。ザウアーの考えはヘーグラーに類似しており、結果においてもヘーグラー以上には出ていない(4)。

主観的違法要素の問題に特に深い関心を示したのはメッガーである。彼は一九二四年および一九二六年にこれに関する詳細な研究を発表し、それは更に一九三一年の刑法教科書にも引継がれている(5)。ここで主観的違法要素は広い範囲において承認されている。彼はA・メルケル、トーン、フォン・フィッシャーなどの主観的違法の見解に認識論的理由から反対し、違法概念を客観的および実質的に規定する。彼によれば法の根本的な課題は法のもとにある者の外部的に秩序づけられた共同生活を保障することである。法共同体の構成員を内心的に改善することは、外面的な合法性の達成のために必要な限りにおいてのみ努力される。法は客観的生活秩序であり、不法はこの客観的秩序の侵害である。責任は行われた行為の個人的な非難可能性であり、この規範的な責任評価の対象は行為者の性格でもなく、行為に対する行為者の心理的関係それ自体でもなくて、この両者の混合である(6)。メッガーもかようにして違法と責任とを厳然と区別するが、しかし、違法は客観的に責任は主観的に、という命題は彼にとっても例外のない原則ではない。即ち主観的違法要素の存在を承認するのである。しかも彼はヘーグラーの「超過的内心傾向をもった犯罪」のほかにも主観的違法要素を必要とする犯罪を認め、特にヘーグラーやザウアーとは反対に、主観的違法要素の「重要な場合」を違法阻却事由の領域に見出した。第二の論文で彼は刑法上の構成要件の理論を研究し、この立場から主観的要素が違法を理由づける作用をもつという意味において主観的違法要素の理論を展開した。メッガーの構成要件論はベーリングの犯罪類型の意味から出発するが、構成要件と違法との理論的関係については、構成要件該当性が必ずしも違法性を裏付けるものではないとするベーリングの考えとは異なり、構成要件はザウアーと同様に刑法の目的にとって「特殊の類型化された違法」の表現であると考える。ここから、構成要件該当性は違法性の最も重要な認識根拠であるとするM・E・マイヤーの見解に反対し、それは純粋の実在根拠であると説く。彼はかように構成要件を類型と考えることにより、第一の論文では違法を理由づける主観的メルクマールを「主観的違法要素」と呼んでいたのに対し、第二の論文では「主観的構成要件要素」と名付けている。メッガーの主観的構成要件要素の研究は、次のビンディングの命題を出発点とする。即ち、すべての犯罪実行は意思の仕事 Willenswerk であって、犯罪の実現には至るところに精神的事象が関与する、と。これらの精神的事象のうち何が責任に、何が違法に、つまり主観的構成要件要素に属するかという問に対する答は、実定法を手がかりとして意思の内容を研究することによってえられる、とメッガーは述べ、刑法上の構成要件を二つのグループに分ける。第一は「外部的行為の単純な意欲」ein einfaches Wollen der äusseren Handlung のみを要求している構成要件、第二は「外部的行為の意味ある意欲」ein sinnerfülltes Wollen der äusseren Handlung を要求する構成要件である。メッガーによれば、第一の意欲は主観的構成要件要素ではなくて、責任のメルクマールである。このような外部的行為の単純な意欲は行為の利益侵害性に何一つ新しいものをつけ加えるものではない、それは行為の個人的な非難可能性を理由づけるが行為の違法性を変えるものではない、というのがその理由である。これに対して、「法典は多くの場合において、行為者が必要な外部的構成要件を認識・意欲して実現しただけでは足らず、更に行為者の内心の一定の附随的精神現象を要求する」、この場合「外部的出来事は一定の心理的色彩、一定の精神内容、ある特別の主観的意味を示さねばならぬ」、この精神的現象が「外部的行為の意味ある意欲」であり、まさに主観的構成要件要素である。この「外部的行為の意味ある意欲」を必要とする犯罪をメッガーは表現犯 Ausdrucksdelikte・傾向犯 Tendenzdelikte・目的犯 Absichtsdelikte の三つのグループに分けたことについては説明を要しないであろう。彼によれば、この主観的構成要件要素が存在することは未遂論をもってきて説明すれば最もよく理解される。即ち、主観的未遂論においてはいうまでもないが、客観的未遂論もまた、例えば危険性という形式において主観的なメルクマールを要求する。ここでは危険性それ自体が違法類型を規定するのではなく、現実から遠くにある目的、まさに独刑法第四三条の決意によって支えられた危険が違法類型を規定するのである。しかしこのことは——フランクも承認しているように——問題となっている主観的要素の中に同時に責任の構成分子を見ることを排斥するものではない(7)。

客観的違法論を土台として展開された主観的違法要素の問題に関する右のメッガーの研究は異常な関心を呼び起こし、一連の学者達がこぞってこの問題をとらえた。そのうち大部分の学者は多かれ少なかれ似通った理由から主観的違法要素の存在を認めている。例えばE・シュミットはフォン・リストと同様に犯罪理論の対象を違法・有責行為であると考えるが、違法と責任との関係についてはリストの立場を離れ、メッガーに結びついて次のように説明する。違法と責任とを問題にする場合、法は行為に当為 Sollen の対象として二つの異なった機能において対立する。即ち違法性の確定には客観的な評価規範として、責任の確定には主観的な決定規範(命令)として作用する、と。ここから彼は、違法は外部的態度を、責任は内心的態度を観察の対象とすべきことを確信するが、しかし、客観的違法とは責任の有無と無関係に適法、違法の判断をなしうるというだけのことであって、主観的要素によって違法判断の客観性が破られるというものではないと考え、ヘーグラー、M・E・マイヤー、メッガーの意見に基づいて主観的違法要素の存在を認める。特に独刑法第四三条の未遂における「決意」は真の重要な主観的違法要素であり、それがなければ外部的行為の客観的危険性も法益侵害性も確定することができない。即ち一定の犯罪においては主観的要素が行為をはじめて構成要件に該当した違法なものとする。このようにE・シュミットによっても、主観的要素が、記述された外部的態度の刑法上意味ある社会有害性を承認するための、決定的要素となる場合が認められる(8)。フランクも彼のコンメンタール第一五版で、「超過的内心傾向をもった犯罪」の際の目的や未遂の際の完遂の故意は行為の違法性を理由づける、というヘーグラーの見解に賛成している。しかしヘーグラーに反して、当時すでに、このことはそれらの主観的要素の責任的性格を排斥するものではないと考える。ドーナーも「法秩序によるある行為の否認、即ちその客観的評価はしばしば行為者の目的設定に結びついており、従って行為の違法性が行為の意思方向に依存する」ことを認め、次いで主観的違法阻却事由の叙述に際して、「行為の違法性が行為者の意思方向や彼の義務的な考慮に依存しているところでは、違法阻却事由と責任阻却事由との区別は伝統的な厳格さにおいては貫かれえない」ことを指摘した(9)。

主観的違法要素論、殊にメツガーの論説に対し、はじめて批判的態度をもって臨んだのはツィムマールである。彼はメツガーに類似した犯罪の体系的基礎から出発する。即ち彼は法の課題を人間の共同生活の外部的規律に求め、法に評価規範および決定規範としての二つの機能を認め、更に違法評価の対象を外部的行為に限定するという形式的な考えを捨てて、段階づけうる社会有害性の意味における実質的違法を承認する。構成要件も立法者により作られた特別の違法類型、従って犯罪の記述上違法に属するメルクマールの総体として理解し、ただそれらが責任に包含されているかという問題には無関係だと考える。違法は通常純粋の客観的要素から構成されるが、彼もまた実定法上主観的構成要件要素の存在を承認する。しかしその範囲を狭くする。なかでもメツガーはすべての目的犯を主観的構成要件要素をもった犯罪の範囲から排斥しようとする。彼は次の理由を挙げる。メツガーの「外部的行為の意味ある意欲」は違法に属するというが、このような意欲をもった犯罪の場合には他の場合と異なって故意もまた違法に入るという結論になり、構成要件に関する錯誤は構成要件の欠缺となり、または違法を阻却することになって正当防衛も許されない。この不当な結論を避けるためには二つの方法が考えられる。第一は、これまで客観的構成要件要素で十分だとされていたすべての場合に更に故意を要求すること、第二は目的を故意から区別して他の客観的構成要件要素と共に違法を理由づけるという方法である。しかし第一の場合には、なぜ故意によって行為の法益侵害的性格が影響されるか疑問であり、第二の場合には目的が故意という本来全く同種の心理的現象と分離され、本質的に異なった客観的要素と一緒にされる不合理が生ずる。故意がない場合には目的の有する特別の意味も失われる。目的は、故意に基づく構成要件の実現にいわば上部構造として加わる場合にはじめて意味をもちうる。また、メッガーが未遂の場合にも常に意味ある意欲を承認しようとするのは誤っている。未遂の意思も既遂の意思も同じであって、犯罪が未遂の段階にあるか既遂の段階にあるかによって「意味ある意欲」が「単純な意欲」に変ずるということは納得できない。そこでツィムマールは目的犯を真正目的犯と不真正目的犯とに分ける。不真正目的犯は結婚誘拐罪、詐欺罪の場合のごとく、その目的が固有の害悪をも strafwürdig な害悪をも目標としていないもので、ここでは目的（主観的要素）は何ら違法性の構成要素とはならない。真正目的犯は、例えば内乱罪、外患罪、決闘の場合のごとく、その目的の内容は事実上害悪に属する。しかしこの場合も目的それ自体が構成要件要素なのではなく目的の客体がそうなのである。これによって彼はメッガーの主観的構成要件要素を客観的なものに還元するのである。客観的なものに還元された主観的要素は本来の客観的構成要件要素と一緒になって「拡大された構成要件」を形成する。拡大された構成要件に対する行為者の主観的関係（即ち目的）の代りに、「拡大された構成要件」の発生への「行為の客観的傾向」が可罰的違法要素として置き換えられるのである。かように考えてツィムマールはメッガーの目的犯を主観的構成要件要素をもった犯罪と見ることを否定する。傾向犯については一部、表現犯についてはは全面的にメッガーに賛成する[10]。

メッガーに対するツィムマールの右の批判に対してはヘーグラーの再批判がある。ヘーグラーによれば、犯罪要素を客観的な違法を理由づける要素と主観的な責任を構成する要素とに分けることは誤りであり、主観的違法要素があると同時に客観的責任要素もある。次のようにいう。㈠ツィムマールはいわゆる不真正目的犯の場合に、主観的構成要件要素をその内部関係と切離して観察している。例えば、詐欺の場合には目的の内容——利得——それ自体は悪ではない。しかし詐欺の特別の社会有害性はまさに利得の目的をもってする財産の移転、即ち欺罔により他人の犠牲において利得する点にある。㈡またツィムマールは目的と故意とを区別することを、本質的に同種のものが引き裂かれ本質的に異種のものが一緒にされると非難するが、それは自然主義的な考えである。目的論的には機能における同種性が問題なのである。㈢一連の犯罪における目的は故意が錯誤のために存しない場合にはその特殊の意味を失うとツィムマールはいうが、目的と故意の内容である構成要件事実との間の目的——手段——関係のために、故意がなければ目的も意味を失うという可能性はあるが、この場合問題になるのは、目的が具体的に存するか否かということであるに過ぎない。㈣犯罪が完成したか或いは未遂の段階にあるかによって既遂の故意が責任要素或いは違法要素となるというツィムマールの反駁に対しては、同様に自然的観察と目的論的価値的考察との対立を示すことによって答えられる。既遂の場合と未遂の場合とでは同じ有害な結果に向けられた認識・意欲が別のことを意味する。立法者は一方では有害な結果が発生することを、他方ではそれが単に意図されていることを要求するのである。なおヘーグラーは主観的違法要素を同時に責任要素でもありうるとするフランクやメツガーに反対する(11)。

以上に述べた学者達は、主観的違法要素の問題を研究するにあたって、彼等の犯罪論の体系的基礎および方法論的な態度をほぼ共通にしていた。しかし、ここに同じく主観的違法要素の存在を認めたE・ウオルフは、彼等とは異なって、人格主義的な法益論に立つ新しい犯罪論から説明しようとする。彼によれば犯罪の一般的な構成要件は刑法上重要な行為そのものの類型化である。従ってそれは一般的な行為類型の概念的要素から構成されねばならない。これらの要素は意思決定 Willensentschluss・意思活動 Willensbetätigung・意思結果 Willenserfolg であり、これらがいずれも一般的構成要件概念の基本的要素ともなる。[12] この構成要件概念はベーリングやM・E・マイヤーのように行為の外部的側面に制限されない。またザウアー、メツガー、E・シュミットのように違法類型を意味するものでもない。それは一般に責任に属すると考えられている行為者の心理的要素（「行為者類型」"Tätertypus"）をも包含している。主観的構成要件要素に関しても、ウオルフは、最初ヘーグラーやメツガーの思考過程をたどったが、その後突如として新しい理由づけを試み、また現行法上この要素をもった犯罪の範囲をメツガーよりも更に広げた。[13] これらの犯罪の違法性によって決定的意味を与えるものは具体的な行為の危険性、具体的な社会的損害ではなく、目的によって示された行為者の抽象的危険性即ち「行為者の法的人格の破滅」Verheerung である。例えば、独刑法第一三一条において立法者に重要なことは、虚構の事実の流布によって目論まれたところの国家制度のこうむる損害ではなく、国家制度を軽蔑するという目的によって自らを「人格的に侵食する」personal angefressen ものとして証明した「行為者の法的人格の破滅」である。この行為者の法的人格の破滅に社会的侵害性が成立し「法人格の Selbstdekapitierung」に行為の実質的違法性がある。[14] ウオルフの構成要件は行為者の心理的な要素をも含んでおり、目的によって示された行為者の危険性は責任要素でもあるが、それが一般行為類型の構成要素、従って構成要件要素となれば同時にまた違法要素ともなる。彼が主観的構成要件要素をもった犯罪をメツガーよりも広範囲において認める理由はここにもあると考えられる。ところがウオルフはフライブルクにおける講演で、従来の彼の説明とは全く反対に、主観的構成要件要素は違法には属さないと述べた。それはメツガーのいわゆる主観的構成要件要素は「外部的行為の記述の意味」における構成要件のメルクマールではなく、「行為者該当性の類型」Typen der Täterschaftsmässigkeit の意味における構成要件要素であるからである。ウオルフの見解は急角度に変転しており、その間に論理的矛盾も多く見られるが、彼が行為の類型のほかに行為者の類型を認めようとし、また、主観的違法要素の存在理由を法益の侵害にではなく法的人格の堕落によって説明しようとした点は注目しなければならないであろう。

主観的違法要素の存在を完全に否定するのはゴールドシュミットである。彼はツィムマールがメッガーの目的犯について主観的違法要素を否認したことに賛成し、更にメッガーの傾向犯、表現犯についても違法を理由づける主観的要素のあることを否定する。「主観的構成要件要素」と考えられたすべての特別の構成要件要素は彼によれば特別の責任要素である。即ちこれらの特別構成要件の「すべては動機状態に関して求められたものであって、それを満たすことはときには刑罰を理由づけ、ときには刑罰を減軽する意味をもつ」に過ぎない。彼はベーリングおよびM・E・マイヤーの構成要件概念を否定し、構成要件は「違法要素と責任要素との総合された可罰性条件の総体以外のものではない」と考える。従って、彼もまた特別の主観的要素を「主観的構成要件要素」と呼ぶが、その際彼が考えているのはまさに「法上類型づけられた」特別の責任要素という性質の主観的構成要件要素であり、可罰的違法要素としての性質においてではない[15]。ゴールドシュミットは外部的態度に向けられる規範と内心的態度に向けられる規範という互いに独立した二つの規範を認めることによって、違法と責任とを厳格に区別する。もしも彼が主観的なものが違法要素となりうることを承認するなら、法規範――外界――違法、義務規範――内界――責任という彼の認めた厳格な平行状態が崩される。ここに主観的違法要素の存在を否定する理由がある。

ベーリングもまた否定論者の一人である。彼の場合にも否定の理由は彼の犯罪理論に関係づけてのみ理解されうる。即ちそれは彼の違法概念の形式主義と論理主義である。しかし、違法を理由づける主観的要素があるという――ベーリングから反対された――見解こそ、まさにベーリングの形式論理的な「犯罪の理論」に対して意識的に考え出された目的論的な刑法体系から生み出されたものである。ベーリングはまた例えば目的犯の場合の超過的内心傾向を「主観的構成要件要素」とすることも否定した。これは主観的違法要素を認めなかったことからの当然の帰結とも考えうるが、彼がたとえこの主観的要素を違法要素としては肯定したとしても「構成要件要素」としては強く反対するであろう。それは彼が一九三〇年に書いた「構成要件論」において構成要件を犯罪類型 Deliktstypus から区別し、犯罪類型を指導する観念像、即ち指導形象 Leitbild として考えるが、この指導形象は犯罪類型の外部的側面即ち「不法類型」Unrechtstypus からのみなるものであるからである。また、ベーリングは「主観的構成要件要素」という誤った理論に導いたものは文字にとらわれた考え方（Buchstabenjurisprudenz）から来るのだと考える。その考えによれば例えば猥褻罪の法上の構成要件は猥褻の目的を当然含んでいると見る。しかしこれは誤っている。猥褻な目的がなければ猥褻行為は考えられぬとしても、猥褻な目的をもって行われた限り任意の態度が猥褻になるとはいえない。むしろ行為はそれが猥褻の目的をもって行われる場合に猥褻だと呼ばれるような特別の性質をもっていなければならない。このことが法上の構成要件を結果として生むのである。彼はかような理由から主観的違法要素の存在を否定する。

ジーバーツは主観的違法要素に関するこれまでの学者達の見解をとりまとめ、時代を追うて詳細に叙述した後、個々の理論問題や現行法に現れた主観的違法要素について更に研究を深めた(16)。その際、彼はこれまでの学者が形式的な分類のみを努力し、真の問題の究明をおろそかにしていることを指摘し、主観的違法要素の問題については犯罪の基礎理論から考察を進めねばならないと説く。そして彼自身は諸学説をふり返った結果、違法要素と責任要素との選別は実質的な違法概念を基礎とせねばならないとし、違法と責任とを法の評価規範としての作用と決定規範としての作用という立場から見る場合にも、評価規範は必ずしも行為の内心面に関係しえないとはいえず、従って主観的違法要素はその存在を認めうる、という。彼は適切な例を挙げて、行為の法益侵害性または危険性は行為の外部的観察によって確定することが個人の自由の尊重のために必要だが、実際には客観的な観察だけではそれが判断しえないことがしばしばあること、ある行為は目的をもって行ったときにはじめて一定の結果を惹起する一般的適性をもっているといえること、を示そうとする。そのときにはこの目的が行為の法益侵害性または危険性を左右するのであるからと述べて、これが違法性の主観的要素であることを承認する。しかし彼によれば主観的違法要素が同時に責任要素であることは妨げない。[17]

(1) Fischer, Die Rechtswidrigkeit, mit besonderer Berücksichtigung des Privatrechts, 1911, S. 128, 293.

(2) Hegler, Die Merkmale des Verbrechens, ZStW. Bd. 36, S. 19 ff.

(3) M. E. Mayer, Lehrbuch des allgemeinen Teil des Strafrechts, 1915, S. 9 ff, 185 ff.

(4) Sauer, Grundlagen des Strafrechts, 1921, S. 307, 309, 212, 547, 344, 348.

(5) Mezger, Die subjektiven Unrechtselementen, 1924, GS. Bd. 89, S. 209-312; Vom Sinn der strafrechtlichen Tatbestände, 1926; Strafrecht, 1931.

(6) Mezger, Strafrecht, S. 295 参照。

(7) Mezger, Vom Sinn der strafrechtlichen Tatbestände, S. 11, 13, 15 f., 23.

(8) Liszt-Schmidt, Lehrbuch des deutschen Strafrechts. 26 Aufl. S. 184 f.; Festgabe für Frank, Bd. II, S. 127.

(9) Dohna, ZStW, Bd. 52, S. 101 ff.; Der Subjektivismus in der Lehre von der Rechtswidrigkeit, Monatschrift 25, 1934, S. 177 ff.

(10) Zimmerl, Zur Lehre vom Tatbestand, 1928, S. 1 ff., 35 ff.

(11) Hegler, Subjektive Rechtswidrigkeitsmomente im Rahmen des allgemeinen Verbrechensbegriffs, Frank-Festgabe I, S. 251-338, S. 280 ff.

(12) E. Wolf, Die Typen der Tatbestandsmässigkeit, Vorstudien zur allgemeinen Lehre vom besonderen Teil des Strafrechts, 1931, S. 7. ウオルフは“Strafrechtlichen Schuldlehre”（1928）では構成要件を特別の行為類型としてとらえたが、ここでは、構成要件には行為のみならず行為者もまた類型化されていると考えるようになる。

(13) ウオルフは故意および過失を「典型的意思傾向の決意」とし、一般的行為類型の本質的要素と考える。このほか「拡張的意思傾向を伴う決意」および「強化的意思傾向を伴う決意」とを認め、前者に基づく犯罪として目的犯（Absichtsdelikte）、企行犯（Unternehmungsdelikte）、目的利用犯（Zweckdienlichkeitsdelikte）を、後者に基づく犯罪として素質犯（Konstitutionsdelikte）、傾向犯（Dispositionsdelikte）を認め、更に主観的類型要素をもつ犯罪として表現犯（Ausdrucksdelikte）、表示犯（Äusserungsdelikte）、特別の主観的意思傾向の犯罪などを認める。

（14） E. Wolf, a. a. O. S. 62.

（15） Goldschmidt, Normativen Schuldbegriffe, Frank-Festgabe, 1930, Bd. I, S. 428-468, S. 461 ff.

（16） Sieverts, Beiträge zur Lehre von den subjektiven Unrechtselementen im Strafrecht, 1934. 私がこれまで紹介したところはこのジーバーツの労作に負うところが多い。なお、わが国ではすでに佐伯教授が「主観的違法要素」（法学論叢三七巻一、二号）においてこの問題を詳細に検討しておられる。ここに紹介した諸学説に関しては教授とほぼ同じ文献を参考にしているため、教授の論文と重複するところが多いが、後の説明のため必要を感じたので、その点断っておきたい。

（17） Sieverts, a. a. O. S. 91 ff. 111. 127.

三　故意を主観的違法要素とする見解

以上の簡単な学説史の紹介は、少数の反対はあったにせよ、主観的違法要素論が客観的違法の観点に立つ刑法理論の一角に次第に根を張ってきたことを示している。主観的違法要素論は、違法概念を実質的に規定すること、違法は客観的に責任は主観的にという命題は例外のない原則ではないことを承認することによって成立するということも明らかにされた。主観的違法要素論の否認は形式的違法を固執し、評価規範としての法の対象、即ち違法判断の対象を厳格に人間の外部的客観的態度に限定しようとしたことに基づく。ある種の犯罪では行為の際の行為者の主観的目的、傾向によってはじめて（外部的客観的）行為の違法性が確定され、増大され、または違法性が阻却される。しかしそれは例外であって、すべての犯罪について主観的要素が違法の確定のために要求されるのではない。その限りにおいて主観的違法要素の存在を認めることは——どの範囲において認めるかについてはなお争いがあるとしても——、今日学説判例において広く承認されている。

ところが、ここに主観的違法要素論に関してこれまでとは趣の異なった考えが現れた。フォン・ウェーバーとその弟子ケペルニークである。ウェーバーも客観的違法論の立場をとりつつ、従来の主観的違法要素論に賛成するのであるが、彼は違法の決定に協力する主観的要素をいわゆる主観的違法要素に限らず、更に広く故意をもこれに含めようとするのである。彼は次のように述べる。立法者は社会に有害な態度方法を刑罰の対象とする。従って構成要件の中核をなすものは動詞である。法典に現れた動詞を言葉の論理に従って考察するとそこには二つの形態がある。一つは、結果から見て、この結果に原因を与えたすべての態度を包括するものであり、他の一つは行為者の内心状態が構成要件の概念形成に役立てられているものである（目的活動を表わす動詞 finale Tätigkeitsworte）。例えば「殺す」ことは死の結果を惹起することにほかならないが（第一の例）、「要求する」、「流布する」、「抵抗する」ことは努力すること、意図すること、試みることを意味する（第二の例）。第二の場合にも外界に現れた態度が問題となるが、第一の場合のような結果の惹起ではなく、行為の与えた結果への方向が決定的な意味をもっている。このことから、立法者は人間の行為を違法だとするのに二つの可能性をもっているということがいえる。即ち、結果の原因となった外部的行為を禁ずることと、結果に向けられた行為を禁ずることとの二つである。前者の場合には客観的な観察で足りるが、後者の場合には結果の認識・意欲（故意）が吟味されない限り行為の違法性を確定することはできない。また前者に該当する犯罪であっても、それが未遂の場合には違法性を決定するのに故意が必要であり、それが既遂になったからといって事情が変るものでないとすれば、やはり違法の決定に故意が要求される。既ち故意も常に違法要素である。ウェーバーは更に責任の本質を非難可能性と考えることによって故意を違法要素とすることを正当づけようとする。彼によれば、犯罪のあらゆる心理的要素を責任概念の中に取入れよという強制から解放されるなら、故意を取除いた後の責任を非難可能性として正しく統一的に把握することができる。結果の認識・意欲（故意）およびその可能性（過失）は非難可能性としての責任に本質的なものではなく、認識・意欲があっても必ずしも非難可能性ありとはいえない。このように考えてウェーバーは故意をも（主観的）違法要素とするのである。(1)

ヴェルツェルもまた「客観的なもの」は違法に、「主観的なもの」は責任に、という刑法のドグマを正しくないと考える。彼によればこの原則を提供したのは因果的行為論――彼は彼の行為論に対して伝統的な行為論を因果的行為論と呼ぶ――である。因果的行為論は行為を純粋に外界における因果的な出来事として主観的な認識内容から厳格に区別し、「外部的なもの」はすべて違法に、「内心的なもの」はすべて責任に振分けた。この「外部的なもの」と「内心的なもの」との分離は違法の「客観性」の意味が十分理解されないまま維持されてきた。即ち違法は「客観的な」（一般的な）無価値判断であるから、不法 Unrecht（違法行為）は純粋に「客観的」なもの――この場合の「客観的」というのは単なる外界のものを対象とするという、全く別の意味において理解されている――だと誤解されたのである。そこでヴェルツェルは（いま説明した意味の）客観的違法論の立場には立っているが、違法判断の対象を行為の外界に限定することには反対する。(2) 彼はいわゆる主観的違法要素の存在をすでに一般に承認された疑いのないものとみなし、むしろ主観的違法要素の発見によって外部的なものは違法に内心的なものは責任にという原則は破られたと述べる。このように考えてヴェルツェルはいわゆる主観的違法要素のほかに故意を不法要素と見るのであるが、(3) ここでヴェルツェルが用いている「不法」"Unrecht"という表現は、彼の叙述の全体から見て構成要件該当の違法行為を意味しているように思われる（用いている場所によっては佐伯教授の可罰的違法と同じ意味にとれることもあるので文字どおり「不法」と訳しておく）。それがまちがいでないならば、彼が故意を不法要素と見ることは彼の目的的行為論から理解しなければならない。また彼は明確に故意が構成要件要素であることを認めているが、故意が違法要素であるかどうかについては彼の構成要件と違法との関係を吟味することによって明らかになる。これらについては別に述べる。なお、彼は更に刑法が行為者の心情（Gesinnung）によって行為に特別の性質を与えている場合に、その心情をも主観的な構成要件要素としていることを付加しておきたい。例えば「悪意の」"böswillig" 行為、「残酷な」"roh" 実行などを挙げている。ちなみにH・マイヤーはこれを故意の加重的形式 qualifizierte Formen des Vorsatzes と呼んでいる。(4)

主観的違法要素の存在が一般に認められるとして、このことから故意を違法要素とすることが当然に認められうるであろうか。そもそも主観的違法要素とは、それがなければ客観的行為の違法性が確定できない主観的要素という意味である。故意が違法要素であるためには、故意に行為の違法性を理由づけ、或いは違法性を増大する働きがなければならないはずである。前に述べたように主観的違法要素の承認が違法概念を実質的に規定することによってなされたとすれば、ここでも違法を実質的に理解することを前提としなければならない。ところで従来の実質的違法論は違法の実質を法益の侵害または危険の中に見る。故意は果して行為のこの法益侵害性に影響を及ぼしうるであろうか。答は否である。故意とは構成要件該当の事実を認識・意欲することであり、それは構成要件に記述された客観的な行為の単なる主観的反映であるに過ぎない。従って、その対象物である客観的行為を違法なものとすることはもちろん、行為に対して何ら積極的な働きをもするはずのものでもない。メッツガーが主観的違法要素を「意味ある意欲」と呼び、これに対して故意を「単純な意欲」と呼んだのはここに理由がある。行為の法益侵害性を現実に左右しうる主観的要素のみを違法要素とすることが正しいとすれば、詐欺の「利得の目的」などのように、そもそも従来主観的違法要素と認められてきたものの中にも違法要素とするに不適当なものもある。それをも違法要素と認めることができるとすれば、法益侵害性とは関係のない主観的違法要素があることになる。この不合理を除くためには、違法概念の実質を法益侵害性以外のものに求めるか、或いは、更に故意をも含めてすべての主観的要素が違法要素でありうるために、主観的要素の存在が客観的違法要素と並んでそれ自体独立した違法要素であることが認められねばならない。例えばウオルフが考えたように、行為者の法的人格の堕落の中に主観的違法要素の本質を見るということがなされねばならない。しかしそのときには、「客観的行為の違法性を理由づける主観的要素」という意味は失われ、更に客観的違法論そのものも否定される結果になるのではなかろうか。シャッフシュタインが法益侵害と関係のない主観的要素にも違法要素としての意味を与えるために行為者の「心情」を違法要素とすることを試みたが、このことは彼に違法と責任とは全然別個のものではないと考えさせる結果になった(5)。彼がこの場合の違法と責任を違法判断の「対象」と責任判断の「対象」と考えている限りにおいてはもちろん意味のないことではないが。

結局、従来の意味の客観的違法論の立場から故意を主観的違法要素とすることは正しくないように思われる。ウェーバーが、故意は客観的な行為と一緒になって違法の要素となるが、責任の本質を非難可能性に見るときには故意は非難可能性に本質的なものではないから責任要素ではない、というときには、違法については評価の対象が考えられており、責任については評価それ自体が考えられていて、均衡を失している。もし評価の対象という意味で故意が違法要素であるならば、同時に責任要素でもありうるはずである。このことは本来の主観的違法要素についてもいえる。違法要素としての「目的」が「動機」として考えられたときには同時に責任要素でありうるだろう。

ヴェルツェルが故意を不法要素だとすることは故意を行為要素としてとらえることを前提としてはじめて理解できる。ヴェルツェル、ウェーバー、マウラッハ、ブッシュ、ニーゼなど一連の目的的行為論者達の見解にはそれぞれニュアンスの差はあるが、ここで問題になっていること、即ち故意を行為要素と考えることについては、彼等の代表者の声をヴェルツェルから聞くことが許される。なぜなら、何を根拠としてある人を目的的行為論者と呼ぶかは難しい問題であるが、ニーゼやマウラッハのいうのが正しければ「故意を不法行為の中に入れる人」[6]、「故意を構成要件の主観的部分として取入れる人」[7]のみを目的的行為論者といいうるからである。

ヴェルツェルの全犯罪理論は、その基礎になっている行為を存在論の立場から観察し、行為概念を目的的に規定することから出発しており、犯罪理論における個々の問題の彼独特の取扱い、従って故意を不法要素と考えることは、この行為論との関係において理解することができる。ヴェルツェルは行為を次のように規定する。「人間の行為は目的活動である。従って行為は「目的的」(final)な出来事であって、単なる「因果的」(kausal)な出来事ではない。行為のこの「目的性」(Finalität)は、人間の因果法則の知識に基づいて事件の可能な成行きを予見し、それによって種々の目的を設定し、この目的実現に向かってその活動を計画的に操ることができる、という点に特色がある」[8]。彼の行為概念の基礎になっているのは「目的に向けられた」意思活動である。各々の意識的行為は目標の認識——知的要素と貫徹の決意——意思的要素とによって支えられている。この二つが結合して、現実の構成要件に該当する行為の形成的因子としての故意が作られる。即ち故意は構成要件の実現を認識し、意欲することであり、「行為の目的的要素」である。

犯罪理論の出発点となっている行為は意思活動であり、それは行為者の認識・意欲によって担われている。認識・意欲は人間の内心における精神的活動であって、この活動によって彼は彼の観念した結果の実現のための原因を設定するのである。メッガーの説明に従うと、「行為の本質は内面の精神的な活動によって外界の出来事を操る点にあり、この精神的な活動は外界における因果的な出来事の成行きをあらかじめ自己の観念の中に取入れて利用するのである」。このように規定された行為は、メッガーにいわせると、目的的行為論者のそれと全く同じである[9]。しかしこの行為を違法評価の対象とするときは、行為者の内心面は一応これから切離して、行為を客観的にとらえるのである。法規範は評価(違法)と決定(責任)という二つの異なった形式と機能をもって行為に臨むが、法規範の内容は両者に同一であってよい。従って、フィッシャーが違法と責任を表わすのに客観的違法と主観的違法という表現を用いたのも真理の一端をついている。それはともかくとして、伝統的な見解が行為を法の二つの異なった規範の対象とするにあたって客観面と主観面を分けたのに対して、目的的行為論は、行為を客観面と主観面との統一体としてとらえることに意味があると考えるため、これを分けて考えることをしない。認識・意欲は行為の要素、しかも重要な構成要素なのである。そして目的的行為論者にとってはこの認識・意欲が実は故意でなければならない。即ち、刑法上重要な結果の認識・意欲が犯罪構成要件の実現に向けられた行為意思でなければならないのである。従ってヴェルツェルが故意は不法要素であるということは、いいかえれば故意は不法の要素たる行為の要素であるということになると考えられる。

故意が行為の要素であるという目的的行為論の考えは是認されうるだろうか。刑法の対象となる行為は人間の意思活動であり、行為の特色は結果の認識・意欲に基づいて因果関係の知識を利用しつつ目的達成に導いていくという点にあるということは、さきに述べたように、伝統的な考え――いわゆる因果的行為論――からも認められている（もっともこう断言できるためには、従来考えられている「任意性」Willkürlichkeit と目的性との関係を検討しなければならない）[10]。従って、目的的行為論は行為に特色を与えるこの性格を「目的性」という言葉で表現するが、この「目的性」と呼ばれるものは伝統的な行為概念の場合にも与えられているはずである。この目的性と故意とがどのような関係にあるかは更に検討するが、目的的行為論では、少なくとも故意は行為に目的性を与える上に一つの役割を果すものと考えられていることはまちがいない。しかしこの「目的性」という名で呼ばれるものが、目的的行為論の行為概念に固有のものでないとすれば、故意は目的性にとってなくてならないものとは考えられない。そうすれば故意は行為の要素である必要もなくなってしまう。故意は刑法上重要な結果の認識・意欲、即ち構成要件に該当した事実の認識・意欲であるが、行為の目的性には、伝統的な行為概念の場合のように何らかある結果の認識・意欲があれば十分ではないかと考えられるからである。

故意が行為の要素であることは、過失の行為を説明する上に大きな妨げとなっている。事実、目的的行為論に対する第一の攻撃は、目的的な行為概念からは過失犯が説明できない、ということに向けられている。ヴェルツェルは過失行為もまた目的行為であるという。即ち、過失行為は、行為手段の目的的な操縦が法益侵害を避けることに対する関係において必要な目的的操縦に適合していなかった点に特色があり、その場合の行為手段の目的的な操縦は刑法上重要でない結果に向けられている。いいかえれば刑法上重要な結果に対しては（要求された）目的行為はなかった、ということができる。ここでは、刑法上重要な結果に向けられる行為のみが行為であるという立場からなお過失犯をも説明するために、過失犯を不作為犯と同じ論法で取扱うという誤った擬制が行われているのではなかろうか。ここにおいても故意は行為要素である必要はないばかりか、更にこれを行為要素とすることの不都合さが現れているのではなかろうか。

（1） H. v. Weber, Grundriss des tschechoslowakischen Strafrechts, 1929, Zum Aufbau des Strafrechtssystems, 1935, S. 8 ff., 11.
（2） Welzel, Das neue Bild des Strafrechtssystems, 3 Aufl. 1957, S. 25.
（3） Welzel, a. a. O. S. 26.
（4） H. Mayer, Strafrecht, Allgemeiner Teil, 1953, S. 254.
（5） 佐伯千仭、「主観的違法要素」（法学論叢三七巻二号）一一二頁以下参照。
（6） Niese, Finalität, Vorsatz und Fahrlässigkeit, 1951, S. 11.
（7） Maurach, Deutsches Strafrecht, Allgemeiner Teil, 1954, S. 131.
（8） Welzel, Das neue Bild. S. 3.
（9） Mezger, Strafrecht. Kurz-Lehrbuch. Allgemeiner Teil. 6 Aufl. S. 47.
（10） これに関しては地方裁判所判事シュミットホイザーの研究があるということだけをここに挙げておく。E. Schmidhäuser, Will-

kürlichkeit und Finalität als Unrechtsmerkmal um die finale Handlungslehre, 1954, ZStW. Bd. 66, Heft 1, S. 27 ff.

四　むすび

あるものの要素とは、そのものにとって欠くことのできないもの、そのものがそのものであるための特質を与えるものでなければならない。単に付加的に何らかの意味を与えるに過ぎないものを要素と呼ぶことはできないはずである。この意味で故意を違法要素だと考えることが適当でないとすれば、それは構成要件の要素と考えるのが適当なのであろうか、或いは長い間支配している見解のとおり、責任要素と考えるのが正しいのであろうか。ヴェルツェルは故意を構成要件の要素と考える。このことは消極的には彼の行為論、即ち故意を行為の構成要素とする行為論から導かれる当然の結論であるが、他方彼は、故意が構成要件の主観的要素であることを積極的に証明するために、未遂を引合いに出している。また、既遂犯の場合にもその犯罪がどの構成要件に該当するかが故意によってはじめて確立される場合のあることを説いている。これは構成要件の犯罪個別化的機能に着眼したのである。しかし他の場合と同じように、故意が構成要件の要素であるかどうかを決定するには、構成要件をどう理解するかが前提となる。構成要件を違法類型と考え、或いは違法と同時に責任の類型化でもあると考えるならば、故意が構成要件要素であるかという問題は、故意を違法要素とし或いは責任要素とする考えとも深いつながりをもってくることになる。故意をも規制する構成要件と考えるならば、主観的要素としての故意を構成要件要素とすることには矛盾があるようである。しかしまた、犯罪理論においてしばしば混同されがちな価値判断の客体と価値判断そのものとを厳格に区別し、構成要件は違法評価や責任評価の対象を形造るすべての要素を総括する役割をもったものと見ることも可能なのではなかろうか。

次に故意を責任要素とすることは、責任の本質が次第に非難可能性として理解されてきたこと、また主観的なものが違法性にも関係あることが認められてきたことなどとの関連において考えなければならない。

これらのことは次の機会に譲るが、これらの問題を考えるにあたっていわゆる目的的行為論が、にわかに賛成できるものではないとしても、今日に至る犯罪理論の発展の一応の完成として、見逃すことのできない問題解決への示唆を与えるものであることに留意しなければならないであろう。

5　違法性の一考察

故意は違法要素か、いわゆる主観的違法要素と同じものと考えてよいか、このことについて以前に考えたことがある。[1] そのとき、一体、何を違法要素と考えるべきか、違法概念をどのように規定すべきかが先決問題であることに気付いたため、深い考察にはいれないまま、稿を改めなければならないことになった。そこで、この論稿において、その先決問題にはいってゆくことにした。

一　責任概念の純化

責任概念の実質を非難に求める規範的責任概念は、今日ではほぼ動かし難いものとして刑法学上の承認を受けている。規範的責任概念は、責任能力者が故意・過失のもとに行為したにも拘らずそれだけではなお責任ありということができない場合がある、という事実を認識したことに端を発する。この事実の発見、従って、責任能力、故意・過失以外のもう一つの責任要素の発見は、[2] フランクの功績に帰せられるが、[3] これに規範論的基礎を与えたのはゴールドシュミットである。[4] 即ち、第三の責任要素の発見によって、責任はもはや単なる心理的関係として認められるのではなくこの心理的関係に基づく心理的活動（動機づけ）に欠陥ある点に認められる、と考えられるようになったが、ゴールドシュミットは、この点に関し、彼のいわゆる法規範と義務規範とを区別する理論によって、責任は結局義務規範に違反した意思決定に求められると考えた。彼によれば、われわれに一定の外部的態度をとることを命ずる法規範（Rechtsnorm）のほかに、この法規範に適合した外部的態度をとるように内心的態度を決定することを命ずる規範があり、この規範に合致した内心的態度をとらないときにはじめて責任ありということになる。これは義務規範（Pflichtnorm）と呼ばれるものであって、さきに述べた心理的活動の欠陥性とは、まさにこの規範によって命ぜられた義務に違反すること（Pflichtwidrigkeit）である。ゴールドシュミットの法規範と義務規範の理論は、もともと、A・メルケル、トーンなどが法規範を命令規範の全体であると考えてそれを主観的違法論の支えとするのに対し、責任の規範論的論拠を明らかにするためのものであった。従って彼の二つの規範に関する理論は規範的責任の素地を作ることになったが、同時に、違法と責任との区別に関しても大きな役割を果すものであった。彼は、法規範から違法判断が、義務規範からは責任判断が導かれうる、と考えたからである。

規範の構造と違法判断および責任判断との関係は、メッガーおよびE・シュミットによって更に展開された。二人のうち、まずメッガーが法規範の構造について考察を加えた。彼は、法は命令規範であると同時に、それ以前において評価規範としても理解されなければならないと考え、評価規範に観察の焦点を置くことによって評価規範から客観的違法を導くことに努力した(5)。これに対してE・シュミットは、法を評価規範としての作用と命令規範としての作用との二面に分けるメッガーの立場を受継ぎつつ、メッガーのおろそかにした命令規範を取り上げ、それが人の意思決定規範として作用することを明らかにすることによって、命令規範から規範的責任を説明することに成功した。その際E・シュミットは、規範的責任を義務規範と結びつけるゴールドシュミットの考え方の影響を受けたが、義務規範が法規範とは別個独立の規範だと考えるゴールドシュミットの立場を否定し、義務規範は実は法規範の一つの作用であって、法の意思決定規範として働くところの命令規範にほかならないとしている点で、一つの進歩を示した。E・シュミットによれば、法はまず評価規範として作用し、それによって人の行為を客観的に適法或いは違法として評価する。しかし、法が単に評価規範であるにとどまるならば、規範秩序維持の実効をおさめることができない。法が社会共同体の実定的秩序維持の規範として効力があるのは、評価規範のほかに更に命令規範として作用するからである。命令規範は、さきに評価規範によって判断された或る行為の価値（適法性）・無価値（違法性）を各人に意識させた後に、それに従って適法行為をなし、または違法行為をなさないよう、各人の意思決定に働きかける。人の内心的態度（決意）に対する規範的当為の関係は義務と呼ばれ、ゴールドシュミットが認めたように、この義務に違反した場合にはじめてその人に責任を負わせることができるが、義務に従って決意すべきことは、このように、法規範が命令規範として作用すること（意思決定機能）から説明することができる。[6]

E・シュミットによって一応完成された規範的責任論は責任を命令規範の違反に結びつけるのであるが、命令規範の違反があった場合に責任ありというのは、いわば規範的責任の形式的な規定であって、結局は、さきに述べたように、規範的責任論構成のきっかけを与えたところのいわゆる第三の要素（規範的要素）が責任判断において要求されること、しかも規範的要素が責任判断の決定的要素であるということが、責任の実質を説明するための規定であった。この第三の要素は今日「適法行為の期待可能性」と呼ばれている。「期待可能性」が、「第三の責任要素」と呼ばれるとおり責任の積極的要素であるか、或いは責任阻却事由として考えるべきものか、についてはなお争いがあるが、いずれにしても、期待可能性の有無によって責任が左右されることには異論がない。[7]

法的概念を目的論的、実質的に把握することは近来の刑法学の進展の一つの特色をなしている。責任論においては、規範的責任の構成においてそれが認められる。しかし、規範的責任論は責任概念の実質化だけではなく、責任概念の純化（価値化）への契機をも与えることになったように思われる。それは次のことを意味する。規範的責任論の構成以来責任の中核は次第に「非難可能性」に移ったが、この方向を押し進めると、非難可能性が責任を左右する窮極のものとしてとらえられ、これのみにおいて責任を規定しようとする結果になる。そのときには責任はそれ固有の価値内容において考えられる。ヴェルツェルは次のように述べる。責任の領域においても、評価と評価の対象、或いは非難可能性と非難可能な行為とは区別されなければならない。固有の意味における責任は、単に行為意思の評価としての非難可能性であるに過ぎない。厳格な意味での責任は非難可能性、従って行為意思の特殊の無価値的性質であるが、広い意味においては、この無価値的性質をも含めた全体としての行為意思それ自体が責任と呼ばれている。しかし、このように「責任」という言葉を多義的に用いることは多くの誤解を生む。故意が責任に属するかどうかという争いも、そもその原因はここにある。もしも広義に理解して、有責な行為意思、従って無価値的性質プラス責任評価の対象を「責任」と考えるならば、故意も「責任」に属するといえよう。が、そのときには単に故意ばかりでなく、故意行為の全体が、更には故意ある違法な行為の全体が責任にはいることになりかねない。このような意味においては「責任」は一つの複合概念（Komplexbegriff）、行為・違法・非難可能性からなる複合概念であって、伝統的な考え方はこの複合概念から行為意思（故意）と非難可能性とを取り出して、特に「責任」と呼ぶのである。ここで明らかにしておかなければならないのは、この場合には、責任を構成する要素（das konstitutive Schuldelement）ではなく、非難可能性によって評価された行為意思自体がとらえられているということである。しかし責任は非難しうるという評価であり、行為および行為意思をはじめて有責なものにするところの構成的要素がとらえられなければならない。この構成的責任要素はひとり非難可能性のみである。(8) 刑法学の進展の波に乗ってきたと考えられる目的的行為論の代表者であるヴェルツェルの以上の言葉から責任概念の純化を読み取ることは正しくないだろうか。

（1） 拙稿「主観的犯罪構成要素としての故意」、法学論叢六四巻二号一頁以下。
（2） これは責任の積極要素か、責任を阻却する事由かについては議論があるが、ここではそれに触れず、一応「責任要素」としておく。
（3） Frank, Über den Aufbau des Schuldbegriffs, 1907.
（4） Goldschmidt, Notstand, ein Schuldproblem, 1913.
（5） Mezger, Die subjektiven Unrechtselemente, GS. Bd. 89, 1924.
（6） Liszt-Schmidt Lehrbuch, 25. Aufl., S. 208 ff.
（7） 規範的責任論の構成、殊に法規範の構造との関係については、佐伯千仭・刑法における期待可能性の思想（下巻）、二四七頁以下参照。

（8） Welzel, Das neue Bild des Strafrechtssystems, 2. Aufl., S. 32 ff.

二　違法概念の純化

責任概念の純化と同じく、違法概念の純化ということが考えられないだろうか。これがさしあたっての試みである。違法と責任とは疑いもなく刑法における二つの対立的観念である。それはもちろん、ヘーグラーのいったように、同一平面において対立することをいうのではない。責任の有無の判断は違法性の判断の後にはじめて問題となる。また、両者は判断の対象における対立そのものを意味するのでもない。客観的なものはすべて違法に、主観的なものはすべて責任に、という意味で考えられた客観的違法と主観的責任との対立とも同じでないことは、主観的違法要素の存在の問題以来しばしば繰り返されている。それは価値判断そのものにおける対立、価値評価の内容、基準、方法における対立である。かような意味において対立的観念であるということは、違法と責任とが、対立させられるべき一定の性質をともにもっているということを前提としている。従って、いま責任概念が純化された意味でとらえられるならば、違法概念も同じく純化された形で理解されなければならない。そうすることによって、あたかも固有の価値内容の責任を構成する要素のみが責任要素と考えられたのと同じ方法で、何が違法要素であるかを決定することができると考えるからである。

E・シュミットが法の命令規範（意思決定規範）としての機能から規範的責任を導き出したことは、責任の固有の価値的内容を認識させるという、意義ある結果をもたらした。そこで、まず、同じく法規範の構造から違法性に関して考察を試みることにしよう。

規範の構造と違法概念との関係を取り上げて深い洞察を加えたのは、さきに述べたとおり、メッツガーである。彼は、法規範を命令規範と解するA・メルケルの立場に対し、果して法は命令規範に尽きるものであるかという問題を提出して、次のテーゼに到達した。法の認識論的存在的考察にとっては、「命令規範としての法はあらゆる場合に評価規範としての法、客観的生活秩序としての法を論理的前提とする」、と。メッツガーのこの見解に同調しているものとしては、主としてヴェグナー[9]およびハイニッツ[10]の名があげられる。彼らの考えには、E・シュミットがこれに対して与えたところの「法規範の二重の機能」という思考形式がすでに暗示されていた。即ち、法が人に或ることを命令しようとする場合には、まずその前に、その命令しようとするものが何であるかを明らかにしなければならず、またそれを命ずるためにはあらかじめ法によって積極的な評価が与えられていなければならないが、それは命令規範としての法のほかに評価規範としての法を認めることによってはじめて可能である、という。命令規範が或る人に法の命ずるもの（適法行為への意思決定）を義務づけるのに対して、評価規範は何を法が命じているか（適法行為）、何を法が禁じているか（違法行為）を評価し、明らかにする。従って違法の問題はこの評価規範から説明するのが合理的だと考えられる。メッツガーによれば、その際評価規範は、命令が或る人に向けられているのとは異なって、規範の相手方を限定しないところの「名宛人なき規範」（adressenlose Norm）である。なぜなら、法の根本的課題は、法によって外部的（客観的）に秩序づけられた共同生活を保障することであって、まず外部的に秩序づけられた人間の態度を要求し、この要求に応ずる内部的態度は、外部的秩序づけに必要な限度でのみ要求されるに過ぎないからである。ここからメッツガーは違法の客観性を結論する。

評価規範と違法性との関係に関する以上の説明から、ここに関係ある問題として二つのものが考えられる。

まず第一は、違法性を法の評価規範から説明することによって、違法概念の価値的性質を確保すること（違法概念の純化の問題）である。メッツガーが評価規範から導き出した客観的違法は、違法が「或る一定の出来事および状態」に関する法の立場からの客観的な価値判断であることを意味する。このメッツガーの意味における評価規範の本来の任務は、適法なものを違法なものから客観的に区別することであった。そこでメッツガーに従って、違法と責任との区別が二つの異なった機能において現れる法規範から規定されることを承認するならば、違法の特質は評価規範の固有の任務が守られているときはじめて明確にすることができる。なぜなら、違法の特質は違法の固有の価値内容を理解することによって把握され、それは、責任概念の固有の価値内容が命令規範としての法の任務に求められたと同じように、評価規範としての法の本来の任務に求められるべきだからである。即ち価値判断としての違法は適法なものと違法なものとを分けることであり、それのみである。ここでは違法判断の対象の性質に関する問題は全く附随的な意味のみをもつに過ぎない。固有の価値的内容においてとらえられた違法にとって重要なのは、一定の出来事の適法・違法を判断するについて、その判断を構成する要素のみである。この構成的要素の一部分が主観的性質のものであっても、それは違法論にとって妨害になるものではない。ただ、すべての客観的なものは違法に、すべての主観的なものは責任に、という従来の命題が足場を失うことになるだけである。適法なものを違法なものと区別するという違法の本来の課題は、しかし、メッツガー自身によって破られた。彼は、これまでH・A・フィッシャー[11]、ヘーグラー[12]、M・E・マイヤー[13]らによって取り上げられてきた主観的違法要素の問題を体系的に研究し、個々の主観的違法要素について詳細な検討を加えたが、その際、それによってはじめて違法性を構成するところの主観的要素のみでなく、行為の特別強い危険性を規定する主観的要素をも違法要素と認める[14]。しかしこれによって、適法・違法を判別するという違法の固有の評価的性質は塗りつぶされ、法規範から違法と責任との区別を論ずることは無意味なものになってしまう。また、何が違法要素かを決めることも困難になる。この点を解決するためにも、法規範の分析から違法性を定義づけたメッツガーの出発点が見失われてはならないと考える[15]。

第二の問題は、命令規範は論理的必然的に評価規範を前提とするという意味において、違法と責任とを対立的な観念と考えることが正しいかどうか、ということである。「命令には論理上評価が先行する」という命題は正しいと信ずる。一定の事柄を命ずるにはあらかじめそれが評価されていなければならない、評価なしに命令を口にすることはできない、という意味である。しかしここで明らかにしておかなければならないのは、評価される事柄と命ぜられる事柄とは同一のものだ、ということである。[16]規範は、違法だと評価した事柄を禁じ、適法だと評価した事柄を命ずる。こう考える場合にはじめて評価と命令とが同じ規範の二つの機能としてとらえられる。ゴールドシュミットが法規範と義務規範というおのおの独立の規範を対立させたことに対して、E・シュミットがそれは一つの規範（法規範）の二つの異なった機能であるに過ぎないと主張したのは、この意味において正しかった。しかし、E・シュミットの場合に二つの機能において現れた規範の対象は同一のものであっただろうか。

まず、「命令規範としての法の無条件の論理的前提は評価規範としての法、『客観的生活秩序』としての法である」、という命題を提出したメッガーの場合を見ると、評価は「一定の出来事および状態に関する法の立場からの客観的判断[17]」である、と考えられている。この評価規範は「名宛人なき規範」である。従ってその対象はあらゆる出来事および状態であり、それが何によって引き起されたかには関係なく、法によって是認された状態（客観的生活秩序）に矛盾する場合には法規範の評価に服する。これに対してメッガーの命令規範は――メッガーの規範に関する研究においては命令規範についての特別立ちいった論述は見られないが――、個人の意思決定に向けられており、個人がさきの評価規範に適合する外部的態度をとるために何を決意すべきか、何を思い止まるべきかを命ずるものであることが理解される。[18]この場合には主観的な意思決定が考えられており、従って規範的命令の対象は、その規範の向けられうる個人の、一定の事柄に対する意思決定（内心的態度）である。このように、メッガーの規範的な評価と命令との間には対象の同一性が欠けている。メッガーの立場に従ったE・シュミットは、規範の対象を明らかに人間の行為に限り、自然現象や動物の行動をこれから除外するから、規範的な評価の対象と命令の対象との間の不一致はいくらか緩和されるように思われる。しかし、彼の場合にも不一致であることを全く免れることはできない。彼の考える人間の「行為」は、「任意の態度による社会的外界の変更」であり、意思衝動がその原因となっておれば十分で、意思実現そのものとは考えられていないからである。メッガーの場合にも、E・シュミットの場合にも、評価した事柄を命令するという関係は認められず、評価規範と命令規範との関係は、ゴールドシュミットの法規範と義務規範との関係と実質的には違わないものになってしまう。ゴールドシュミットはE・シュミットの考えに対して、更に、法は内心的態度（意思決定）に対する関係においては事前には命令であるが、事後には評価として考えられるから、もしそのように法が内心的態度において決定規範のみならず評価規範でもあるならば、外部的態度に対する関係においても単に評価規範のみならず命令規範でもあると考えなければならない、即ち、客観的違法は法上の無価値判断を加えられた外部的態度のみならず、また法上の命令に違反する外部的態度でもある、と応戦した[(19)]。ゴールドシュミットのこの主張は、評価の対象と命令の対象との同一性の問題に関する限り、正鵠をえている。

評価の対象と命令の対象との同一性の要求は規範の本質に関係する事柄であり、違法および責任を規範の構造からとらえようとする場合の不可欠的要請である。違法と責任との比較対立は、同一対象をめぐって各規範がどのような働きをするか、という点においてなされる。規範が評価を含むこと、規範が評価的機能を営むことは否定できない。しかし規範の窮極の目的は規範的価値の実現にある。規範が単に評価規範として現れるにとどまるならば、それは規範として十全ではない。E・シュミットも認めたように、規範的評価が規範的命令で保障されることによって、はじめて規範の存在意義が全うされる[(20)]。規範が命令的機能を営むことは、規範にとって本質的な事柄に属する。客観的違法が単に規範の評価機能から説明されるに過ぎないならば、それは、その対象である外部的態度が命令によって保障されることと無関係であってよいことになるのであろうか。また、責任が規範の命令機能から引出されるに過ぎないならば、規範によって命ぜられる一定の内心的態度（意思決定）は、それが規範的価値を有するかどうかの評価を受けることとは関係なく、直ちに命ぜられることになるのであろうか。命令は評価を論理的前提とする、という命題はこのようなことを意味しているのか。この不合理を解決するために、おのおの評価機能と命令機能とをもつ別個の規範を立て、それぞれ違法および責任の根拠とすること――前述のゴールドシュミットの立場――は一つの方法である。この立場はオエーラーに受け継がれている(21)。しかし責任判断も違法判断と同じく一つの法規範的判断である。責任判断の根拠を法規範とは別個独立の義務規範に求めることは正しくない。それは違法判断と責任判断との規範的根拠の共通性を断ち切り、評価規範（法規範）は命令規範（義務規範）の前提ではないことになる(22)。従って、メッガーやE・シュミットが違法と責任との区別を法規範の構造に関連させて考察する場合には、法を評価規範と命令規範とに分けることに問題があるのではなく、二つの機能において現れる規範の対象をおのおの別個のものと考えるところに難点があることになる。

評価規範の対象と命令規範の対象とが同じでなければならないことはすでに明らかにした。しかもいま、違法の根拠となる規範と責任を基礎づける規範とを同一の「法規範」に求めるとすれば、違法と責任とは、それを基礎づける規範の対象において区別することはできなくなる。私の考えでは、両者の区別は二つの規範の特質においてなされる。それは次のように説明されるであろう。違法の根拠となる規範は人の一定の行為（一定の意思実現）の適法・違法を判断する評価規範である。しかし規範としての性質上、それは単に価値判断の形式において現れるばかりでなく、当為判断としても現れる。「一定の意思実現は正しい」という規範的評価は、一方では「正しい意思実現が行われるべきである」という当為命題となって現れる。この当為命題は評価規範の妥当性の保障となる。しかし当為命題それ自体はまだ具体的な命令を意味するものではない。命令は規範的評価に適合した一定の意思実現を個々人に義務づけることであり、規範の具体的拘束を意味する。評価規範の妥当性がたとい規範的拘束を内包しているとしても、それは単に抽象的（或いは潜在的）な拘束性であって、具体的（或いは現実的）な拘束性ではない。評価規範は次に命令規範へ移行する。[23] 命令規範においてはじめて規範の具体的拘束性が問題になり、一定の適法な意思実現を個々人に義務づけ、一定の違法な意思実現の中止を個々人に義務づけることが問題となる。ここに責任の規範論的根拠がある。

以上に述べたような二つの規範のそれぞれの特質によって、違法と責任とが区別される。違法性の論拠たる規範は評価規範であり、責任の論拠たる規範は命令規範である。評価規範と命令規範とは、一定の意思実現という一つの対象をもつに過ぎない。このことは違法判断の対象と責任判断の対象とが同じであるということを意味するものではない。違法は、規範の対象たる人間の一定の意思実現の適法・違法を、特定の個人に対する関係を離れて、一般的に判断することであり、責任は、同じく規範の対象たる人間の一定の意思実現が、特定の個人に対する関係において、義務づけられるかどうかを具体的に判断することである。評価規範は義務づけ（規範の具体的拘束）の問題には関係していないから、その限りにおいて違法の客観性が保持される。客観的違法は評価規範が「名宛人のない規範」であることから理由づけられる、というメッガーの考えは、そのまま承認することはできない。[24] 規範は当初から相手方を予定している。命令規範をまつまでもなく、すでに評価規範においても名宛人なしに規範の妥当性をうんぬんすることはできないはずである。ただ命令規範の場合と異なって、評価規範の名宛人は一定の個人ではない。命令規範は具体的拘束の規範であり、個々人に対する義務づけを規定する。従って、命令規範は一定の事柄を義務づけうる人についてのみ妥当する。一定の事柄を義務づけうるためには、その人に一定の能力、一定の主観的或いは客観的事情が要求されるであろう。これに対して評価規範の場合には具体的な義務づけはまだ問題にならないから、このように一定の能力を有し、一定の事情のもとにある個人を名宛人として要求するものではない。しかし、このことは名宛人を必要としないことと同じではない。評価規範から命令規範へ移行することは規範としての当然の要求であり、命令機能によって規範は保証される。評価規範の名宛人は、まさに、将来命令規範に移行した場合に具体的な規範的拘束（義務づけ）を受けうる人、いいかえれば、一定の意思実現をなしうる人である。通常行為能力者といわれるものがそれに相当する。このような人によって行われた一定の意思実現であるなら、それがいかなる特定の個人によって行われたかに関係なく、評価規範の対象になる。これが客観的違法の意味であると解する。

（9） Wegner, Kriminelles Unrecht, S. 59 f.

（10） Heinitz, Das Problem der materiellen Rechtswidrigkeit, S. 13, Anm. 3.

（11） H. A. Fischer, Die Rechtswidrigkeit mit besonderer Berücksichtigung des Privatrechts.

（12） Hegler, Die Merkmale des Verbrechens, ZStW, Bd. 36.

（13） M. E. Mayer, Strafrecht, S. 12. u. S. 185 ff.

（14） Mezger, a. a. O. S. 260 ff. 彼は例えば、「利己心より」、「営業として」、「自己の利益を図り」などの、意思形成の動機と考えられるものを認める。

（15） 違法と責任との区別を法規範に関連して考察することは、単に規範論の領域の問題であるに過ぎず、何が違法要素か、何が責任要素かを定める標準を現実に与ええないとするならば、佐伯教授の言葉のとおり、それはいまだ概念の遊戯の域を脱しないものであろう。しかしそのように決めることは早計であり、法規範論の持つ意義を十分洞察しないものといえないだろうか（佐伯、上掲三四八頁参照）。

（16） Armin Kaufmann, Lebendiges und Totes in Bindings Normentheorie, S. 75 ff. 参照。

（17） Mezger, Lehrbuch, S. 164: Studienbuch, I, S, 76 参照。

（18） Mezger, Studienbuch, I, S. 76: Liszt-Schmidt, a. a. O. S. 154.

（19） Goldschmidt, Normativer Schuldbegriff, Frank-Festgabe, Bd. I. S. 437 ff.

（20） ちなみに、井上正治教授は「法規範の考察にあたって、評価機能は論理的に命令機能に先んじなくてはならないということは全く正しい。（中略）ただ、問題は、評価機能と命令機能とは、論理的に考察する限り、平等の権利を以て存在すると考え得ても、元来、法規にとっていずれがその本質であるか、ということである」（井上、刑法学総則、八二、八三頁）と述べておられる。
(21) Oehler, Der materielle Gehalt der strafrechtlichen Rechts- und Pflichtnormen. Sauer-Festschrift. S. 262 ff.
(22) オエーラーは、違法は客観的な、名宛人のない評価規範に、これに対して責任は法の決定規範に基づく、という見解はすでにその出発点において攻撃しうると述べ、決定は評価を論理的前提とせねばならぬという考えを否定する。その論拠として、形式的命令の存することを指摘し、また、もしも違法が単に客観的評価のみに基づいているならば、この評価はいかにして違法の平面にある人間に一般的に呼びかけるべきかという問題に答えられない、と決めつけ、更に名宛人のない規範はそれ自体のなかに矛盾があることを指摘する。Oehler, a. a. O. S. 265 f.
(23) 註(20)にあげた井上教授の言葉から、しかし、それだから「法規範は第一次的に命令規範であり事後において評価の機能をいとなむ」（同刑法学総則八五頁）ということはいえるであろうか。教授は、評価が単なる抽象的存在に終らないために法の発生論的な考察が要求されるとし、「実践的価値意識＝当為＝命令」の構造的過程を提起される。しかしこの場合にも、命令の前提には実践的価値意識のあることを認められるわけである。責任が「行為を命令性に関係せしめて評価すること」（同八四頁）であれば、違法は行為を実践的価値意識に関係させて評価することである、といえないだろうか。われわれはただこれを、すでに規範化された法の機能においてとらえるだけである。法の規範化それ自体が命令であることと、規範化された法の命令的機能とは、区別して考えられると思う。そこで、「法は第一次的には命令規範であり事後において評価機能をいとなむ」という場合の「命令規範」は、法規範の命令機能ではなく、命令の形において現れた法規範そのものを意味し、従って、「評価機能」と論理的前後関係に置くことはできない、と理解するのは間違いであろうか。
(24) 「メッガーの如く、法規範はまず外部的に秩序づけられた人間の態度を要求するという点で、違法判断は客観的でなくてはならないというのは、その前提そのものが賛成できない」。井上、前掲八五頁。

三　意思実現の違法・意思実現の責任

違法および責任の概念の純化（価値化）の問題を提出し、違法概念および責任概念を固有の価値概念としてとらえるために法規範の論理的構造の分析をふたたびあえてしたのは、単に犯罪の理論構成の単純化をはかるばかりでなく、このことが第一には、違法要素および責任要素を認識し、また両者を区別することをより容易にすると考えるからであり第二には、違法評価を受けるところの意思の実現と責任評価を受けるところの意思の実現とが犯罪的意思実現としての有機的結合を保持するためにより適切だと考えるからである。

第一の場合にさしあたっての問題は、故意と主観的違法要素の取り扱いである。責任概念を一つの複合概念と考えると、さきに述べたように、責任は責任判断に関係あるものの寄合世帯になる。即ち、責任判断それ自体を構成する要素も、判断の対象も、ことごとく責任に含まれることになる。その結果、行為意思（故意）は責任要素（或いは責任のメルクマール）としてとらえられる。これに対して、いわゆる主観的違法要素が違法要素であることはすでに一般に認められている。この主観的違法要素と故意との関係については、主観的違法要素は必然的に故意を前提とするという意味で故意が違法に属する、また故意と同じ内容のものが特定の犯罪においては主観的違法要素であるから故意も違法要素である、反対に、主観的違法要素もそれが「目的」としてではなく「動機」として働くときは責任要素である、故意が同じ内容・同じ機能において一方では違法のメルクマールであり他方では責任のメルクマールであることは差し支えない、という論議が繰り返されている。これは、結局、違法および責任の複合的概念を考えるからであって、遂には、違法に関係あるものはすべて違法に、責任に関係あるものはすべて責任に属し、また同じものが同時に違法と責任とに属しても差し支えないことになり、違法要素・責任要素の認識は全く混乱に陥ってしまう。もしも、ここで試みたように、違法概念および責任概念を固有の価値概念に限定すれば、違法判断を構成するもののみが違法要素と考えられることになり、違法に関係してはいても違法判断の単なる対象に過ぎないものは違法に属さないことになる。この意味で、いわゆる主観的違法要素は違法要素であるが、行為事実の認識としての故意は違法要素ではない[(29)]。

第二の場合に問題になるのは、さきに評価規範および命令規範の対象として考えた意思実現に関してである。もしも二つの規範の対象が同じものでないならば、即ち、評価規範の対象は一定の外部的態度（行為）と考え、命令規範の対象は一定の内心的態度（意思）と考えるならば、この外部的態度と内心的態度とはどこで意思実現として結合されるのであろうか。命令規範として働くときにはじめて、一定の外部的態度は一定の意思に基づく外部的態度になるのであろうか。行為意思（故意）が責任に属するなら、責任評価においてはじめて外部的態度が意思実現になるのであろうか。犯罪理論の出発点である「行為」は、通説の立場からも、「意思に基づく」身体的態度として説明される（行為の有意性の要求）。しかしそのときにも、この「意思」は、違法評価を受ける一定の外部的態度の認識としての意思、即ち故意ではない。犯罪の理論構成は行為から出発して犯罪的行為（構成要件に該当した違法・有責な行為）に到達する。この発展的過程は、外部的態度を犯罪的意思実現にするのではなく、意思実現を犯罪的意思実現にするのである。しかもこの意思実現は刑法上意味のない意思実現ではなく、刑法上意味ある、一定の意思実現でなければならない。その意味でこれは構成要件の意思的実現と見るのが正しいと考える。即ち構成要件該当の事実は、それに該当する外部的態度とそれに該当する意思（認識）とによって意思実現となる。これが評価規範と命令規範との共通の対象である[(30)]。

(25)　ここで故意というのは行為客体に対する認識関係、存在的事実に対する認識関係をいう。いわゆる違法の認識は含まれない。違法の認識も「認識」ではあるが、この場合は心理的な違法の認識が犯罪要素として意味をもつのではない。意思決定において義務に違反するという規範的な意識が重要なのである（なお、平野龍一「故意について」㈡、法学協会雑誌六七巻四号六四、六五頁参照）。

(26) 例えば、「他人の物」であることを知らずにはそれを「領得する」ことはできない。

(27) 例えば未遂罪や、ウェーバーのいう目的活動を表わす動詞によって規定された犯罪。

(28) メツガーは、同じメルクマール（故意）が二つの場所（違法と責任）で決定的な役割を演ずることは、それがそうある、という単純な理由から正しいと認められると述べ、その例として、炭素が動物体にも植物体にもあることは誰も反対しないし、炭素がこれらのいずれにも物体の構成上必要であるということは、炭素がこれらの物体のどれか一つに属するということが正しくないことを示す、という（Mezger, Moderne Wege der Strafrechtsdogmatik, S. 41）。

(29) もっとも、同じ内容のものが異なった二つの機能において現れるときには、一つは違法要素であり、他の一つが違法要素でないということは考えられる。

(30) この点においてドーナーの犯罪理論構成に興味をもっていることを記しておく。Graf zu Dohna, Der Aufbau der Verbrechenslehre, 4. Aufl., 1950.

6　客観的違法と行為の無価値性——人的違法論に関連して

一　ヴェルツェルの人的違法論
二　ヴュルテンベルガーの反対論
三　マイホーファーの反対論
四　批判的考察

一　ヴェルツェルの人的違法論

「不法は行為者人格から内容的に切り離された結果惹起（法益侵害）に尽きるのではない。むしろ行為は、行為者の意思内容によって行為事実に彼のスタンプが押されたところの、ある一定の行為者のしわざ（Werk）としてのみ違法である。行為者が客観的な行為事実にいかなる目的設定を目的活動的に与えたか、いかなる気持からそれを行ったか、いかなる義務がその際彼に課せられていたか、これらすべてのことが、生ずるかも知れない法益侵害と並んで、行為事実の不法を決定する。違法は常にある一定の行為者に関係づけられた行為事実の否認（Missbilligung）である。不法は行為者関係的『人的』な行為の不法（täterbezogenes, "personales" Handlungsunrecht）である。」「もちろん法益の侵害或いはその危険は多くの犯罪にとって本質的なものである。しかしそれは人的―違法な行為の部分的メルクマールとしてのみ本質的なのであって、決して法益侵害のみが行為事実の不法を全面的に特色づけるという意味においてではない。法益侵害（結果の無価値）は刑法上ただ人的―違法な行為の内部（行為の無価値の内部）においてのみ意味をもつに過ぎない。人的な行為の無価値があらゆる刑法上の不法行為の一般的な無価値である。事態（Sachverhalt）の無価値（侵害され或いは危険にされた法益）は多くの犯罪において一つの非独立的メルクマールである。(1)」

これがヴェルツェルのいわゆる人的違法に関する彼自身の説明である。彼の人的違法論は目的的行為論との密接な関連の上に構成されていることは疑いない。彼によれば、刑法上の行為は客観的（外部的）並びに主観的（内心的）メルクマールからなり、この両者が刑法上意味ある一定の目的実現を契機として統合されることによって、客観―主観の統一体たる行為となる。違法性はこの行為と法秩序との間の軋轢（Missverhältnis）を意味し、法秩序維持の見地から行為に付与される法的無価値判断（法的価値否定の判断）である。行為のこの無価値判断は、行為が客観―主観の統一体として理解されるため、行為者関係的、人的な行為の無価値判断であるとされ、行為の客観面のみを違法判断の対象とする事態の無価値（結果の無価値）判断と区別される。この行為の無価値判断を彼が人的違法と称するのは、しかし、彼が単に客観―主観の不可分的統一体たる行為を価値判断（違法評価）の対象としていることのみによるのではなく、彼が、行為の無価値性は行為の主観面、すなわち行為者の意思方向、心理状態、行為者に課せられた義務などを考慮に入れることなしには決定しえない、と考える点に意味があると思われる。

ヴェルツェルの人的違法論は、行為の主観面を全面的に違法判断の対象とする点において、今日広く承認されているいわゆる客観的違法論と同一に論ずることはできないであろう。彼自身は、違法が客観的な価値判断であるということは評価の客体の客観性を要求するものではないと主張して、この意味で、彼もまた客観的違法の立場に与するものであるような態度をとる。これは一つの理屈であろう。たしかに評価の客体と評価それ自体とは区別して考えうるものであり、評価の客体が主観的なものであっても、それに対する客観的な評価というものはありうるだろう。しかしそれと同じ論法で、ヴェルツェルの人的違法と客観的違法とは何ら矛盾しない、ということがいえるであろうか（この点はあとで触れる）。それはとにかく、彼の人的違法論が行為の違法性の決定を広く行為の主観面に依存せしめていることは、単に違法評価の対象の範囲が広げられたに過ぎない、といって片付けてしまえる問題ではなかろう。彼の違法論は、主観的側面から規定された行為の無価値を問題とすることによって、何らかの意味で主観的色彩をおびたことが認められよう。「何らかの意味で」とは、ヴェルツェルの人的違法が主観的なものによって特色づけられたことをいかように解しようとも、ということである。ヴェルツェルの人的違法論に対するかなりの反撃は一様にこの主観的なものに向けられているが、その際、この主観的特色を違法評価そのものに対する関係においていかなる性質のものと考えるか、また考えるべきかについては、必ずしも見解が一致していないように思う。人的違法論とは何か、またそれが客観的違法の立場から是認できるかどうかは、この主観的なものをいかに理解すべきかの問題にかかっている。つぎに反対者の主張を聞くことによって批判と考察を試みたい。

(1) H. Welzel, Das neue Bild des Strafrechtssystems, 2. Aufl., 1952, S. 23; Das deutsche Strafrecht, 6. Aufl., 1958, S. 56.

二　ヴュルテンベルガーの反対論

目的的行為論に反対するヴュルテンベルガーは、法益理論を中核とする伝統的な客観的違法の見解を固持する立場から、ヴェルツェルの人的違法論に反撃を加える。(2) 彼の反撃の根拠はつぎの二つの点にある。一つは、彼がヴェルツェルの人的違法論を、従来の命令説や主観的違法要素の理論や意思刑法などと同じように、「客観的なものから主観的なものへの方向転換」という刑法理論上の精神的思潮の一つの現れだと見る点であり、他の一つは、彼が人的違法論に見られる主観的色彩を取り上げて、それは刑法を倫理に近づけようとする衝動が背後にあることを示すものであり、また新しい「意思刑法および心情刑法」(“Willens- und Gesinnungsstrafrecht”) の思想が背後に芽ばえていることを告白するものであると考える点である。ヴュルテンベルガーによれば、この新しい理論はアクセントを主観的なものへ置き換えただけでなく、同時に、目的論的および倫理学的構成に基づいて違法の本質を新しく規定することを目ざしたものである。(3) 彼は、ヴェルツェルの人的違法論のこの意思(並びに心情)重視の傾向および倫理主義的傾向を、つぎのような説明によって明らかにしようとする。

ヴェルツェルにとって最初の問題は行為概念を新しく規定することであった。彼は行為を、純粋の因果関係においてではなく、むしろ目的論的な意味設定関係において観察しようとした。外部的な行為事実の面が「人的主体」

（行為者）に密接に結合されるようになった。意識的に設定された結果は「自我の自己決定」に依存しているものと考えられるからである。このことによって、彼は刑法上の評価の対象となりうるために必要な行為の「目的論的な基礎」を明らかにしたものと考えた。彼によれば、行為のこの「目的論的領域」にのみ刑法上意味ある対象を求めることができるのであって、このことは単に責任についてだけではなく、違法および構成要件についても妥当する。「行為の目的的志向性」が違法行為の構成要件において優位を占めると、原則として客観的要素によってのみ規定されていた違法の領域は、主観的要素の大巾の介入によって縮少される。しかし、それは彼にとって問題ではない。彼は「因果論」と結びついた法益思想に戦を挑んでいるのである。多くの構成要件においては行為の法益侵害性が問題となっていること（原則）を彼も認めているが、それにも拘らず彼は行為者の「義務侵害」や「不信な態度」などが、法益侵害性をさしおいて、行為の可罰性を認定する糸口となっている場合（例外）を指摘し、この例外を原則に引き上げて、法益侵害性ではなく、「社会倫理に合わない態度」があらゆる規範の「一般的な無価値内容」だという結論に到達した。しかもこの態度は、その主観的要素に心情（Gesinnung）を含めることによって、著しく主観的に規定されている。このことと関連して、さらにヴェルツェルは刑法上「結果の無価値」と「行為の無価値」とを対立させ、これを、結果倫理（Erfolgsethik）と心情倫理（Gesinnungsethik）という哲学上の対立的命題の模写として考察しようとする。このことは、現代の哲学者、例えばハルトマンが、「事態の価値」（“Sachverhaltswert”）と「行為の価値」（“Aktwert”）とを根本的に区別しようとしたことに端を発している。ヴェルツェルが違法判断において問題とした行為の価値、意思状態、心情などは倫理上の価値決定の規準を現しているにも拘らず、彼はそれらを刑法上の命題の「方角決定の中心点」（“zentraler Orientierungspunkt”）とした(4)。

ヴュルテンベルガーはこのような意味のことを述べて、ヴェルツェルの人的違法論によって顕著にされた主観主義への傾向、倫理主義への傾向を指摘し、これに対して非難を加える。この非難は、要約すればつぎのとおりである。ヴェルツェルは「結果の無価値」がいかに包括的な意義をもつものであるかを正しく認識していない。なかでも、違法の実質はまず外部の損害の大きさによって決定される、ということを看過している。彼の人的違法論においては、事実についての無価値性（法益侵害）、すなわち客観的に把握された「結果の無価値」は、「行為の無価値」或いは「心情の無価値」のような主観的に規定された要素と対決させられる限り、存在価値を否定される。この点が彼の人的違法論の特色である。従って違法判断においても結果の無価値、客観的な事実の無価値は第二義的なものとなり、まず主観的な要素が主たる規準となる。法益保護の思想は後退した。しかし、違法判断の中核は、長い間支配していた見解に従って、法益侵害に求められねばならない。従って「結果の無価値」が、場合によっては攻撃の無価値が、実質的違法の中核となる。人的違法論は、さらに、心情のような責任判断の規準と考えられるべき人的な要素を違法判断にもち込むことによって、違法と責任とを体系的に区別することを不可能にする。心情とは行為者が行為に対してもっている具体的・現実的な気持の表現である。それは法の根本的価値または要求に対する行為者の内心的態度を内容とし、全く行為者の個人的領域に属するものである。従ってこの内心的態度に対する価値判断は責任に関係する。心情が責任において問題とされるなら、有責性の規準に本質的に深い意味をもたせることになり、同時に、犯罪の構成において行為者の内心的態度の倫理的内容が十分計算に入れられることになる。刑法の著しい「倫理化」の主要点は責任評価の領域にある。心情が違法判断の主たる規準となることによって違法は一そう主観的なものとなり、倫理的性質をもつことになる。このような人的違法論が維持しえないことは刑法理論の立場からばかりでなく、法哲学的観点からも説明できる。すなわち、ヴェルツェルが刑法上「結果の無価値」と「行為の無価値」とを対立させるのはハルトマンが「事態の価値」と「行為の価値」とを区別することに端を発しているが、彼は、ハルトマンが個人に妥当する倫理のために構成したカテゴリーを刑法理論に取り入れ、その際、それが刑法理論にどのような影響を与えるかを十分吟味しなかった。彼は法の世界に妥当する倫理が本質的な点において個人に妥当する倫理と異なっていることを見落している。ここで重要な問題は、人間の態度を違法だと評価・決定する場合にまず問題になるのは「個人に妥当する倫理」の規準による決定か、「一般社会および法の世界に妥当する倫理」の規準による決定か、ということである。もちろん、法と道徳とに二つのおのおの孤立した領域を認める者も、法は、究極においては、道徳的秩序のなかでのみ合法性を保持しうるものであることを確信するだろう。しかし、このように刑法に倫理的基礎を与えようとすることは、違法評価において重点を客観的要素から「人的」要素に置き換えることを必然的に要求するものであろうか。この要求には法と道徳との関係の誤認が含まれているのではなかろうか。しかも、倫理的基礎の上に立つ心情価値と倫理的に無色な事態価値とを鋭く対立させるのはハルトマンよりもむしろヴェルツェルである。ハルトマンは「心情は結果に対して無頓着なのではない。結果が心情にとってどうでもよいなら、それはもはや真の心情ではない」といっている。また彼は「行為価値」(Akt-wert) と「財物価値」(Güterwert) との関係について、財物価値は何ら固有の倫理的実体をもたないかも知れないが、財物価値の存在は道徳的価値の存在を前提とする、と述べている。刑法が社会に妥当する倫理と密接に結びついていることを意識し、しかも個人に妥当する倫理に対しては孤立していることを見誤らないならば、刑法の第一の課題は行為者の心情を訴え出ることではなく、個人並びに社会の財物価値を保護することである、と誰しも信ずるであろう。驚くべきことには、人的違法論を奉ずるものたちの哲学上の共通の証人と考えられているハルトマンさえ、法益保護を法思想の社会倫理的中核と信じていることを告白している。彼は、ヴェルツェルとは反対に、法思想を「結果価値」や「財物価値」と結びつけるが、「行為価値」や「心情価値」とは結びつけない。「行為価値」や「心情価値」は個人の倫理に適合するものだからである。(5)

ヴュルテンベルガーは以上のように述べて、人的違法論の是認できないこと、殊に心情のような純粋に人格的な要素はいかなる理由においても違法要素となしえないこと、個人の法的安全のために客観的な違法論の構成を確保すべきこと、を主張する。

人的違法論に対するヴュルテンベルガーの反駁にはなお批判の余地があろう。

第一に、彼は人的違法論に特徴的である主観的要素にあまりにも執着し過ぎているように見える。場合によっては、彼は、人的違法論においては主観的な心情の無価値のみが違法を決定し、結果の無価値はかえりみられない、と主張しているようにさえ受取られるふしがある。そのため、「ヴュルテンベルガーの非難は、彼が法益侵害（結果の無価値）に絶対的意義をみとめる法益侵害説に拘泥していることを示す以外の何物でもない」、「人的違法観は決して行為者の心情が違法の領域において決定的な役割を演ずるものであることを主張したことはない」、「『行為の無価値』の思想は、決して主観的『心情』の一面的強調ではない」という再批判が出てくる。(6)しかしヴュルテンベルガー自身も決して客観的な「結果の無価値」に絶対的な意義を認めるものではない。彼は、「もちろん結果の無価値、すなわち法益思想のみが唯一のものではなく、多くの場合において『行為の無価値』も違法内容を規定する上に何らかの役割を果す」と述べている。(7)そして、「問題は、客観的要素と主観的要素との秩序関係が違法判断の内部でいかに規定されねばならないかということである」と主張し、この場合、客観的違法論を是認する限り、結果の無価値の優位が奪われてはならないと彼は考える。(8)一連の客観的違法論者たちも違法な目的などのような内心的要素（いわゆる主観的違法要素）を行為の違法性認定のメルクマールとして認めているが、ヴュルテンベルガーのいうとおり、(9)その際にもなお結果の無価値の優位は変らないのであるから、そのことだけで、彼らが人的違法の理論に屈したとはいわれない。また、人的違法は違法判断において主観的心情のみを一方的に強調するものではない、ということは正しいであろう。ヴュルテンベルガーがこの点を誤解しているとまでは思わないが、かりに彼がこの点を正しく理解していないとしても、その責任を彼にのみ負わせることはゆき過ぎであろう。なぜなら、ヴェルツェルは「行為はそれの道徳的価値を事態価値のための単なる手段としてもつのではなく、行為を担っている心情に固有の道徳的実体がある。行為は、事態価値が満たされたにも拘らず、もし行為を担っている心情が非難すべきものであるならば、道徳的に無価値なものとなり、逆に、事態の価値が満たされなかった場合にも、高い道徳的意義を保持しうる」という[10]。これを見て、人的違法論においては主観的心情が決定的な役割を果すのだと早合点するものは、ひとりヴュルテンベルガーだけではないであろう。

第二に、ヴュルテンベルガーは、人的違法論が主観的要素を広く違法の領域にもち込むことによって違法の客観的性質は否定される、少なくとも危険にされると考えるようである。この点については、人的違法論は違法判断の客観性を否定するものではなく、客観的（外界的）要素とともに主観的（内心的）要素をも含んだ全体としての行為を判断の対象にしているに過ぎない[11]、と反論しうるであろう。しかしこの反論は果してヴュルテンベルガーの非難を退けるに値するであろうか。判断そのものと判断の対象とを概念上分けて考えることは正しい。従って、「違法が客観的（すなわち普遍妥当の）価値判断であるという表現は、違法の対象が『客観的』（外界的）なものでなければならぬ、という主張を含んではいない[12]」ということも間違いない。しかしこれが正しいということから、判断自体の性質の問題と判断対象の性質の問題とを全く無関係なものとし、一方が客観的性質をもち他方が主観的性質をもつものであっても両者の間に矛盾は生じない、といいきることができるであろうか。

私の観察が誤っていないならば、違法判断が客観的なものであるべきこと、これがヴュルテンベルガーの最後の要求である。この要求を貫くために、彼は主観的要素を強調するところの人的違法論に反対する。この点から考えて、彼は人的違法論が客観的違法と両立しえないものと信じていることが理解される。彼は、ヴェルツェルの人的違法論の基礎になっている目的的行為論についてすでにその主観的要素の強調に反対する。しかし、ヴュルテンベルガーも、行為が行為者のしわざであり、従って客観的および主観的要素を包括していると見ることは正しい、と考えていることが推察できる[13]。彼にとっては、行為は「社会的」現象であり、複合的な社会的意味統一（soziale

Sinneinheit）として理解されているからである。彼が、目的的行為論者と同じように行為を行為者のしわざとしてとらえながら、目的的行為論者とは反対にその行為のもつ主観面の強調に反対するのは、行為に含まれた主観的要素を、それ自体意味あるものとは認めず、あくまで行為の客観的性質の規定に何らかの役割を果す限度においてのみその意義を認めるからであろう。彼は「行為は行為者のしわざであり、それは切り離して考えられた行為者の個人的自我の仕事というほど主観的なものではなく、『外界』における出来事というほど非主観的なものでもない、と見なければならぬ」と述べている[14]。違法論においてもこれと同じことがいえる。彼はハルトマンを引合に出しつつ、違法論において決定的意味をもつものは何であるかを明らかにする。ヴュルテンベルガーによれば、ハルトマンの倫理学においては財物価値および事態価値はそれが人間の行為において見られる場合に本質的にその意味が高められている。ヴュルテンベルガーはこのことが「行為価値」と「財物価値」との関係において重要な意味をもつものと考える。ハルトマンは、法の世界をも支配している「当為の倫理」（"Sollensethik"）は人格の道徳的価値にではなく、財物価値、事態価値に結びついており、そして財物価値は、まさにそれが行為者の意思に方向を与え、その性質を規定する限り、行為との内部関係において特別の地位を与えられると考える。ヴュルテンベルガーはハルトマンをこのように理解し、これを援用する[15]。結局ヴュルテンベルガーにとっては違法判断において決定的優位をもつものは財物価値であり、従って客観的要素であるということになる。彼の人的違法論に対する認識は、さきに述べたとおり、違法における主観的要素の重視を極度に敵視するために偏見を含んでいると思われる。これが彼の理論の欠点である。しかし、人的違法論によって客観的違法の危機がもたらされるという彼の主張の理由となっている上記論述は一考に値すると考える。

（2）　T. Würtenberger, Die geistige Situation der deutschen Strafrechtswissenschaft, 1957. S. 47 ff.

（3） a. a. O., S. 48.
（4） a. a. O., S. 49 f., 60.
（5） a. a. O., S. 50, 51, 52, 56 ff.
（6） 福田平・違法性の錯誤、一七〇頁以下参照。
（7） Würtenberger, a. a. O., S. 51.
（8） a. a. O., S. 52.
（9） a. a. O., S. 52.
（10） Welzel, Über den substantiellen Begriff des Strafgesetzes, Festschrift für Kohlrausch. S. 105.
（11） Welzel, Das neue Bild, S. 16. 福田・前掲、一七一頁参照。
（12） Welzel, Das neus Bild, S. 16.
（13） Würtenberger, a. a. O., S. 53 f. 彼は、その際に目的的行為論の強調された主観的性格が客観的—社会的観察のために制限されるなら多くの問題が解決される、という。
（14） a. a. O., S. 53.
（15） a. a. O., S. 63.

三　マイホーファーの反対論

ヴュルテンベルガーの反対理由は人的違法論に賛意を表しない人たちにとって多かれ少なかれ共通するものであろう。ところがこれとは全く別の意味でヴェルツェルの人的違法論に反対を唱える学者がいる。W・マイホーファーである。[16] 彼の反対は人的違法論、すなわち違法判断を行為者に関係させるということに向けられているのではなく、ヴェルツェルが――違法判断において構成要件の背後にある行為者の主観的な目的設定（目的志向性）および個人的（内心的）な意思状態を見ることによって――行為者をその主観性および個別性における存在としてとらえていることに向けられる。マイホーファーによれば、ヴェルツェルとは異なって、違法判断においては行為者はその客観性および社会性における存在としてとらえるべきであり、そのため違法判断においては態度の目的方向や作用方向、さらに社会的（外界的）な法的地位や義務的地位を見ることが要求される。(17) この観点からマイホーファーはヴェルツェルの人的違法を主観的・人的違法と呼び、これに対して自らの主張するものを客観的・人的違法と名付ける。マイホーファーがこのような反対論を唱えるのは、ヴェルツェルがその違法論において行為者の個別的意思方向を高く評価するあまり、客観的であるべき違法が主観的違法に導かれる結果となることをおそれたのである。それではマイホーファーの客観的人的違法論とはいかなるものかを見てみよう。

今日の客観的違法論は法を「客観的生活秩序」として理解する。それは外部的に秩序づけられた共同生活を保障するという目的をもっている。従って違法はこの秩序の侵害およびそれを担っているところの「秩序づける法の意思」（"ordnender Rechtswille"）の侵害として説明される。この法の意思が、「何がこの秩序に適合するか、何が違反するか」を確定するが、その規準として客観的違法論は「客観的評価規範」として作用する法規範をもち出す。そこで違法は「法の評価規範の客観的侵害」と考えられる。このことから客観的違法論にとっては当然第二のテーゼが約束される。すなわち違法は、責任と対立して、「行為が法秩序に矛盾することについての非人格的―客観的判断」であり「責任は行為者に対して行為の人格的な帰責を主張する」ことである。「人的な非難の問題を顧慮することなく、「客観的な評価規範」の規準によって行われる人間の態度の非人格的な違法評価と人格的な非難可能性としての責任とを、このように区別することに最後まで固執するのはメツガーである。これを客観的・事実的違法概念と呼ぶことができる。しかしここで問題になるのは、不真正不作為犯や過失犯の場合である。これらの場合には、態度の違法性は明らかに行為者の人格および一定の義務の侵害を顧慮することなしには確定しえないからである。身分により刑が加重される犯罪を身分あるものと身分のないものとが共同して行った場合も同様である。これらの、事実において等しい行為方法について、その間に違法性に関して差別をつけるものは、行為者の人格（個人的な事柄）でないとすれば、何であろう。違法の内容または程度のより高い違法の内容はこの個人の態度のよりはげしい社会的否認にあるのではないか。(18)

マイホーファーの人的違法に関する考察はこのような疑問からはじまっている。そこでつぎに、この疑問に肯定的な答を与えるために試みられたヴェルツェルの人的違法論を取り上げ、果してそれが違法理論として妥当なものかどうかを検討するが、(19)その結果は、前に述べたとおり批判的なものに終った。すなわちマイホーファーは、ヴェルツェルが彼の違法論において、一方では「違法とは法が社会生活における行為の企行について提出したところの要求に対する行為の軋轢であり、違法はこの軋轢のために行為に付与される法的無価値である」といいながら、他方では「違法は一定の行為者に関係した行為事実の否認であり、違法は行為者関係的『人的』不法である」と述べている点をとらえて、この二つの基本的テーゼが矛盾しているものと考える。さらにマイホーファーは、ヴェルツェルが違法論を「人的」に特色づけると同時に、メッガーに劣らず違法概念の客観的性格を強調していることを指摘し、その際ヴェルツェルは価値判断の客観性と判断の対象の客観的および主観的性質とは区別して考えねばならないというが、一体「行為事実」の主観的（精神的）要素に関する「客観的価値判断」と行為者に関する無価値判断、すなわち客観的規準による行為者の否認とはどこで差別されるのか、と迫る。一定の「気持」或いは一定の「意思」をもっているのは、正確に見れば、行為事実ではなくて行為者だからである。そこでマイホーファーは人的違法論が違法論において行為の全主観面にも判断を及ぼすということは、結局違法判断において行為者を顧慮することが必要だということを意味するのではなかろうか、と考えるようである。そして、もし行為者を顧慮することが必要なら、その行為者はその主観性および個別性においてとらえられた行為者であってはならない。なぜなら、このような行為者に関係せしめることは違法判断において行為者の主観的目的設定および個別的（内心的）意思状態を要求することとなり、このことは違法概念が「人的」な違法概念ではなく、主観的な違法概念に導かれる結果になるからである。マイホーファーはこのように考えていると理解される。

通説のとる客観的違法概念（マイホーファーによれば客観的・事実的違法概念）にも賛成できず、ヴェルツェルの人的違法論（マイホーファーによれば主観的・人的違法論）にも満足できないマイホーファーは、ここで違法判断を行為者に関係させながらも違法の客観性を失わしめないために、彼独自の理論（彼によれば客観的・人的違法論）を展開する。刑法の構成要件において「……したる者」と規定されているが、その「者」とは一体誰か。それは法の本質を認識することによって把握されなければならない。すなわち法の本質を認識することによって、それに意味をもち価値をもつものとして行為者の本質を決めなければならない。このように考えるならば、刑法上「行為者」として呼びかけられているのは「個人としての行為者」（"Täter als Individuum"）ではなく、「法的社会の人間」（"Rechtsgenosse"）としての行為者である。[20] 従って違法行為の行為者は、彼の主観的な気持においてとらえられた人間ではなく、「法の世界」における客観的な地位においてとらえられた人間である。違法における人的な問題も、その人的要素をこのような人間を基礎として規定するという試みから出発することが必要である。マイホーファーは以上のことを前提として違法の本質の問題に入ってゆく。法は人間の態度に関係しており、一定の利益保護、法益秩序維持という目標を、一定の態度の規範（法規範）を定めるという手段によって達成しようとする。刑法もまたこの目標のための手段である。個々の刑罰構成要件はこの規範を基礎として構成されているが、この規範は刑法においては二重の姿において現れる。すなわち Sollen の規範（決定規範）と Dürfen の規範（許容規範）である。指導形象（Leitbild）としての法規範は構成要件の背後にある指導的価値（Leitwert）としての法益のために利益侵害の種類を規定する。一定の態度の類型を記述することによって法規範と法益とが結びつく。その際、この態度の類型は社会的な外面（違法類型）と個人的内面（責任類型）という、物自体にあらかじめそなわった二つの側面から記述される。ところで、個々の構成要件の記述は不完全であって、それは一方的な利益状態の通常の場合のみを考えている。従って例外の場合、すなわち利益が衝突している状態においては Sollen の規範は制限を受ける必要がおこる。法は一般に、特別の規準において、二つの利益の衝突を解決するものであるから、刑法における利益保護も決して絶対的なものでありえない。一定の利益保護のための手段としての Sollen の規範は利益衝突の場合に Dürfen の反対規範によって制限される。違法行為が行われたかどうかは常に具体的事情における全体の利益状態から考察し、Sollen の規範がなお力をもっているか、或いは Dürfen の規範がこれに代って作用するかによって決定される。なおこの Sollen の規範は決定規範であると同時に、行為者の態度を評価するところの評価規範としても重要な意味をもつ。従って、一方である一定の態度をとるべく決定し、他方でこの一定の態度を評価するという規範の二つの機能にとって、Sollen は共通の規準である。Sollen と Dürfen とはかような関係にあるが、それでは Sollen の規範によって行為者が一定の態度をとるべきことが要求されていても、それができない場合はどうなるか。ここに Können の問題が生ずる。すなわち Sollen はすべて Können にその限界を見出すこととなる。マイホーファーは Sollen と Dürfen、Sollen と Können の関係をこのように述べ、これに基づいてつぎのように違法理論を展開する。

お前は許されていないのに人を殺した、ということが行為者に証明される場合には事実的・社会的な結果の無価値が確定される。ここでは Dürfen は作用しないため、Sollen に対する違反が認定されるからである。しかしこれだけではまだ人的・社会的な態度の無価値は確定されない。行為事実に関する行為者の社会的責任を確立するには、さらに行為者が一般的な Können に違反したことが認められねばならない。すなわちマイホーファーにとっては、違法は社会的な Sollen の違反だけでは足りず、社会的な Können の違反も認定されることによってはじめて確定する。[21] ただしこの場合の Können は個別的な Können ではなく一般的な Können でなければならない。彼のこのような考えによって明らかになることは、社会的 Sollen の侵害としてのある態度の評価は、行為者の地位および情況における「理性ある人」の能力を基準とし、この Sollen が満たされたと考えられる場合に態度は違法なものとして「人的」に行為者に帰せられうる、ということである。一定の態度の評価が違法として「人的」に行為者に帰せられるということは、違法な結果によって行為者が非難されることだと考えられる。このことはマイホーファーのつぎの言葉から理解される。「我々にとっては、固有の責任は従来から個人的な非難——『お前（Du）は他のように行為すべきであり、しえたのだ』——であると同じように、固有の違法は行為者に社会人的な非難——『人（Man）はこの場合他のように行為すべきであり、しえたのだ』——をなしうる場合に認められる」。ここからも明らかになるように、彼のいわゆる人的な違法とは非難可能性ということであり、責任非難との区別は、責任非難が個人的人格（Du）における人に対するものであるに反し、違法非難は社会的人格（Man）における人に対するものである点に存する。すなわち、違法においては他人と比較しうる存在としての人が、責任においては彼固有の存在における人が考えられているに過ぎない。[22] 法規範は二重の「名宛人」（社会的存在としておよび個人的存在として）をもっている。人的違法の概念をこのように規定するマイホーファーは違法の理論、ひいては犯罪の理論をどのように構成するのか。彼はそれをつぎのような図表で現している。[23]

違法

一、違法の事実状態

1、違法構成要件メルクマール

2、違法阻却事由

二、違法非難
1、社会的 Sollen の違反
2、社会的 Können の違反

責任

一、責任の事実状態
1、責任構成要件メルクマール
2、責任阻却事由
二、責任非難
1、個別的 Sollen の違反
2、個別的 Können の違反

この表に示されたように、マイホーファーは違法の内容を二つに分ける。第一の事実状態は利益侵害としての態度の事実的な結果無価値の問題であり、それは（積極的に）違法類型たる違法構成要件メルクマールを満たすこと と、（消極的に）違法阻却事由が存しないこととによって確定される。さきに説明した Sollen と Dürfen との関係がこれにあてはまる。第二の違法非難は彼の人的違法の中核をなすものである。ここには Sollen と Können との関係が適用される。すなわち社会的な Sollen および Können の侵害によって、行為者の社会的地位において一般人がもっているところの義務の侵害が、従ってまた人的な態度の無価値が決定され、行為者に対する一般的非難が生ずる。このようにマイホーファーは、行為者に彼の行為について社会的（一般的）規準に基づく非難をなしうる範囲で、行為者を違法領域に引き入れるのである。責任論においても構造は同じである。このことによって彼は、法益侵害的結果の惹起（結果の無価値）だけで十分違法性を認定できるというドグマが必要な制限を受けるものと信じる。[24]

マイホーファーは、このような理論体系を立てることによって、違法を「事実的」な要素に限らず、行為者の人格にも関係させうること、しかもこの人的要素を、ヴェルツェルのように主観的な目的志向性としてではなく、客観的な人格として理解することによって、主観的違法へ近づくことなく人的違法論を確立しえたと考えるのであろう。なぜなら、彼自身が述べているように[25]、彼の新しい理論構成はつぎの四つのテーゼの否認を含んでいるからである。すなわち、(1)違法はSollenと、責任はKönnenと関係するというテーゼ、(2)違法は行為事実に関する判断であり、責任は行為者に対する非難であるというテーゼ、(3)違法の事実状態と責任の事実状態とは同じであり、従って違法と責任とにおいて評価の客体は一つであって、「客体の評価」が異なっているというテーゼ[26]、(4)「人格」は違法と責任とにおいて同一のものであるというテーゼ[27]、の否認である。

マイホーファーの意図は、彼によれば、ヴェルツェルの主観的人的違法論に対して客観的人的違法論を樹立する点にあった。しかしこの二つの人的違法論は、一方を主観的人的違法論、他方を客観的人的違法論と名付けるにはあまりにも内容が相異している。ヴェルツェルの人的違法はともかく行為自体の法的価値評価である点で正統的違法論の域をふみ越えてはいない。これに反してマイホーファーの人的違法は違法の領域で行為者の非難を問題とするもので、従来の違法概念を変更しない限り、もはやこれを違法理論と呼ぶにはふさわしくない。ヴェルツェルの人的違法の批判によって生まれたマイホーファーの理論がこのように別の方向に走ったのは、彼がヴェルツェルのいわゆる「人的」違法の意味を正しく理解していないことに基づくのであろうか。或いは、彼がヴェルツェルの人的違法論を契機として新しい違法概念を打ち立てることを意図したことによるのであろうか。

(16) W. Maihofer, Der Unrechtsvorwurf, Rittler-Festschrift, 1957, S. 141 ff.

(17) a. a. O., S. 147.
(18) a. a. O., S. 143.
(19) a. a. O., S. 145 f.
(20) 行為者に関するこの定義はE・ウオルフが彼の"Vom Wesen des Täters"（1932）において述べたところに依ったものである。もっともマイホーファーは、これを出発点として展開されたウオルフの行為者刑法を是認するものではない（Maihofer, a. a. O., S. 147 f.）。
(21) Maihofer, a. a. O., S. 153. マイホーファーによれば、主観的違法論はこの個別的なKönnenを考えている。
(22) a. a. O., S. 154.
(23) a. a. O., S. 163.
(24) a. a. O., S. 158.
(25) a. a. O., S. 163 ff.
(26) このテーゼを否定することによってつぎの結論が引き出される。行為者の行為は、違法の事実状態においてはその社会的―外部的現実および効果においてとらえられ、責任の事実状態においてはその個別的―内心的な現実および作用（認識と意欲）においてとらえられている。従って違法評価の客体は違法の事実状態のみであり、責任評価の客体は責任の事実状態のみである。
(27) このテーゼの否定によって引き出される結論は、違法においては決定規範の名宛人および評価規範の規準は社会的人格における人であり、責任においては決定規範の名宛人および評価規範の規準は個人的人格における人である、ということである。

四　批判的考察

違法の実質は単に結果の無価値に尽きるものではない。結果の無価値と同時に行為の無価値が問題とされなければならないことは、行為の無価値性をどのようにとらえるかに差異はあっても、今日明示的、黙示的にかなりの承認をえていると思われる。違法論において行為の無価値性を特に強調する目的的行為論はいうに及ばず、その反対者でさえ、違法論において行為の無価値性を全く無視しようとしているとは考えられない。例えばメッガーはつぎのように述べている。[28]「法の客観的評価規範は外部的（『客観的』）態度にも内部的・精神的（『主観的』）態度にも関係しうる」、「法は、一定の主体に関係せしめること（それは『決定規範』へ目を転ずることによってはじめて実現される）なしに社会的行為の一定の評価を具現する限りにおいて、『客観的』な生活秩序である。しかしその評価は『客観的』外部的なものに限られる必要はない」、「ヴェルツェルもまたこの意味において、違法は『客観的—一般的』判断であるが必然的に『客観的外界』に関する判断ではないことを強調するのは的を射ている」。自分の見解とヴェルツェルの見解とは「それ故にこの限度においては完全に一致している」と。ヴュルテンベルガーも、さらにマイホーファーもこの例外ではない。問題は行為の無価値をいかに把握するかである。ここにヴュルテンベルガー、ヴェルツェル、マイホーファーによってそれぞれ代表された三つの違法観が、同じく行為の無価値を問題としながら、おのおの異なった立場を堅持するのは、行為の無価値性にいかなる意味をもたせるかについて見解が異なっているからだと考える。このことは、この論稿のはじめに、人的違法の主観的特徴をいかなる性質のものと考えるかについて見解が分れていると述べたことに結びつく。この点に関する三人の主張を見てみよう。

ヴェルツェルは通説の立場である客観的違法がもはや維持しえないものであることを指摘する。彼によれば、通説の客観的違法は違法の要素をもっぱら行為の客観的・外界的な面に限っているが、その根拠は、第一には通説が因果的な行為論をとることによって行為を純粋に外界の因果的経過として理解し主観的な意思内容から厳格に分ける点にあり、第二には違法の「客観性」の意味が不明確な点にある。このような客観的違法論は実質的には違法を法益の侵害或いは危険としてとらえねばならぬ。しかしこの一見明確な外界と内界との分離は、主観的違法要素の発見によって壁につきあたった。ここでは違法を純粋に客観的にとらえることは不可能であることが認識された。

彼はかように述べて、前にあげたように、違法は行為者人格から内容的に分離された結果惹起（法益侵害）に尽きるのではなく、行為者関係的・「人的」行為の違法であること、法益侵害（結果無価値）は単に人的―違法な行為の内部（行為無価値の内部）においてのみ意味をもつものであることを主張する。[29]そしてさらに詳しい内容は彼のつぎのような説明に見ることができる。主観的違法要素の発見以来「法益侵害は刑法上の違法の非独立的構成部分であるということ、違法は人的な違法として、すなわち社会倫理的に忍び難い行為（sozialethisch unerträglicher Akt）として性格づけらるべきことが明らかになった。しかしその場合には刑法上の構成要件に法益の全面的保障するという機能をまっさきに帰することはもはやできない。むしろ構成要件は、立法者が当罰的だと考えたところの社会倫理的に忍び難い行為の種類を記述するという機能をもつ」。「刑法上の構成要件は、行為の社会倫理的に忍び難い性質を構成するメルクマールのすべてを記述しうるし、また記述しようとする。そして法益侵害は、それ以外の少なからず重要な人的要素と並んで、しかも単にその部分要素としてのみ構成要件に属する。この人的要素は刑罰行為を法的心情の根本価値からの背反として、或いは社会倫理的に忍び難い行為として特色づける」[30]。以上の説明からわかるように、ヴェルツェルの考えでは、違法は行為が社会倫理的に忍び難いものであるという評価である。従って違法の中核をなすものは結果の無価値ではなくて行為の無価値であり、それは一定の行為者の主観的な意思方向や気持（心情）によって規定される。

ヴュルテンベルガーは主観的なものによって規定された行為の無価値性は個人倫理の世界に属するものであると考え、法益保護を中核とする社会倫理的違法論においては結果の無価値が不法の中心的要素となると考える。行為の無価値もこの場合決して無視されているのではないが、行為の主観的内容が無価値的結果によって方向を与えられ、性質を限定されている限り、行為の無価値は第二義的な意味をもつに過ぎないものとされる。従って彼は行為の無価値をより客観的に規定しようとする。すなわち彼によれば、行為は行為者のしわざではあるが、それだけ

「切り離して考えられた個人的自我のしわざ」というほど主観的に考えられてはならず、また「外界における経過」というほど自然主義的・純客観的に見られてはならない。行為が行為者のしわざであることを認めさせるのは、行為者の心理的目的によるのではなく、注意深い観察者が客観的な行為事実に行為者の心理を結びつけるところの評価によるのである。従って行為の無価値も、行為者の心理的・主観的目的においてではなく、外界の経過との結合において規定すべきことになろう[31]。

最後に、マイホーファーは行為の無価値をどのようにとらえているであろうか。彼はまず違法という概念が人間の態度に関係するものであることを認め、この態度のもつ二つの面に応じて評価もまた二つの観点から行われると述べる。すなわち、人間の態度は行為者からの作用（Bewirkung）の面（個人的な内心面）と他人に対する効果（Wirkungen）の面（社会的外界面）とをもっている。態度の価値・無価値は常にこの二つの側面において決定される。一つは行為者自身に対する関係において、他の一つは他人に対する関係においてである。行為者に対する関係において規定された態度の無価値が行為の無価値[32]であり、他人に対する関係において規定された態度の無価値が結果の無価値である。一つの態度の価値・無価値が二重の観点において規定されることから、さらに、態度の無価値は二つの異なった実質的内容において示される。すなわち、一方行為者の側へ目を向けるならば、態度の無価値観察は法規範の思想につながって違法は規範の侵害として見られ、他方被害者の側に目を向けるならば、同じ態度の無価値観察は法益の思想につながって違法は生活利益の侵害として見られる。このように、違法は二重の意味をもち、違法の本質および違法の概念にとってはどちらも等しく重要なものである。ところがマイホーファーにおいては、行為者に対する関係において規定された行為の無価値は、さきにふれたように、実は行為者に対する一般的（社会的）非難を意味するのである。

ヴュルテンベルガーは伝統的な客観的違法論の立場に固執して、違法評価の対象をあくまで客観的に把握しようとする。従って行為の無価値も、客観的な観察によって、行為者の意思が法的に無価値な結果を志向していると認められる限りにおいて問題とされるに過ぎない。これは、客観的違法論が刑法の第一の課題を共同生活の外部的な秩序維持に求めるためであり、また、違法判断を評価規範としての法規に関係させるためである。これに反して、ヴェルツェルは刑法の実質的内容を単なる法益の保護と考えるのではなく、むしろ心情価値（Gesinnungswert）の保持と考える[33]。従って犯罪の固有の本質は行為の無価値にある、さらにつきつめていうならば「法的な心情価値の下落」[34]にあるということになる。しかし、このことから必然的に人的な違法論が要求されることになるであろうか。行為者の心情の問題が、違法論においてではなく、責任論においてはじめて取り上げられたとしても、心情価値を重んずる刑法理論にとって不都合はないはずである。ヴェルツェル自身も、心情が「いかなる範囲で行為の無価値の要素とされるか、また責任の要素とされるか」は「刑法理論の個別的な問題」であることを指摘している[35]。そこで、彼が人的違法論を支持する根拠は違法性の本質をどのように理解するかに求められなければならない。この点についてはさきに述べたように、彼は違法を法秩序と行為との間の軋轢であると定義し、実質的には行為の無価値は行為者の現実の主観的—内心的事情（行為者が実際にいかなる目的を抱いていたか、現実にいかなる気持から行為に出たかなど）によって決定される、と説く。もしそれが正しいとすれば、ヴュルテンベルガーの考えるようなより客観的に把握された行為の無価値は、実は結果の無価値から独立した行為の無価値を指すのではなく、ただ観点をかえて結果の無価値を説明したに過ぎないものと見るべきであろうか。行為の無価値が違法の内容を規定するものである限り、それが客観的な評価によって決定さるべきことはヴェルツェルも認めている。客観的違法論が違法の客観性を要求するのは、主観的違法論と対立して、「責任なき違法」を認めるためである。もしヴェルツェルが「違法の客観性」をこの意味において、すなわち責任（行為者に対する非難）とは無関係に行為の違法性を確定すべき意味において理解しているのならば、行為の主観面を評価の対象にしたとしても客観的違法評価ということは考えられるであろう。しかし、マイホーファーが指摘したように、行為の主観面と考えられている「意思」や「気持」は、正確にいえば行為者がもっているもので、行為がもっているものではない。行為者に属する主観的・内心的事情を（殊にいわゆる心情のごときを）考察するということは、不可避的に行為者を観察の対象に引き入れることになるのではなかろうか。そうだとすれば違法論において行為者を問題にすることが要求されているのではなかろうか。マイホーファーの客観的人的違法、すなわち違法非難の理論はこの疑問を契機として展開されていると考えられる。

行為者を法的無価値判断の対象に引き入れるということは、行為者の法的無価値性を問題とすることであり、行為者の法的無価値は行為者が一定の行為を行ったことについて責任を負うべきことを意味することになろう。それは本来責任論に属する問題である。マウラッハは責任論においてこの問題を取り上げて、「行為の答責」（Tatverantwortung）という独自の概念を生み出した。(36)「行為の答責」は行為者に対する責任非難ではなく、客観的な行為事情が行為者の一定の動機づけを妨げなかった場合に、行為者は行われた行為を「自己の行為」として「責任をもたねばならぬこと」（Einstehenmüssen）を意味する。マウラッハによれば、これは帰責可能性の第一段階である。しかし、マイホーファーにとってはこれこそ彼のいう違法非難にほかならない。ヴェルツェルの人的違法が行為者の意思方向および心理状態という主観的・個別的規準によるのに反して、マウラッハの行為の答責は客観的行為事情という客観的・一般的規準によって、行為者に法的無価値性を帰するからである。(37)マイホーファーは、このように考えることによってはじめて、人的違法論においても違法の客観性を確保しうると見るのであろう。

違法の客観的性格を要求する立場（客観的違法論）は維持されなければならないと考える。また、違法論において行為の無価値が無視されてはならないとも思う。この二つの要求をともに満たすには、どのような違法論を構成するのが望ましいか。問題はここに落ちつく。ここで取り上げた三つの異なった違法観は、論述してきたことから理解されるように、この点に関してそれぞれ一長一短をもっている。すなわち、ヴュルテンベルガーの考えに従えば、客観的違法を貫徹しうることは間違いないが、至るところであまりにも客観性要求の旗じるしを正面に押し立てるために、行為の無価値については名のみで実のない議論に終っているのではないか、と疑われてもいたしかたないであろう。ヴェルツェルの人的違法論によれば、行為の無価値は徹底的に追究されているが、それを心情のような、行為の法秩序侵害性とはほとんど関係のない要素によってまで規定しようとし、違法行為を「法的心情の下落」として特色づけようとすることによって、違法の客観性が危くされたことを認めうるであろう。マイホーファーの考えに従えば、違法の客観性（一般性）を維持しようという努力は認められるが、違法要素を客観的なものに限定するにも拘らず、違法論において判断されるべき行為の無価値性は行為者の無価値性に置き換えられ、違法の実質は法益侵害とともに違法非難でもあることになる。これは客観的（一般的）ではあっても、今日の客観的違法論とは縁遠い理論である(38)。

法益の侵害のみを唯一のもの、絶対的なものと考える純粋の客観的違法論を維持すべきことをここで主張しているのではない。行為論に関しては、因果的行為論者と呼ばれている人たちも、リストの唱えた自然主義的・機械論的な因果的行為論はもはや認めない。それと同様に、違法論についても、人の行為とは関係のない「違法状態」を認めるような原始的な客観的違法論がもはや支持しえないことはもちろんであり、現在および将来においても、客観的違法の意味および内容が変更されることは、それが正しいものを求めようと努力している限り、許される。そうでなければ学問の進歩はない。従って、ヴェルツェルの人的違法論にせよ、マイホーファーの人的違法論にせよ、それらが従来の客観的違法論を正しい方向において訂正するものと認められれば、これに従うことに躊躇するものではない。

それでもなお、二つの人的違法論のいずれにも、双手をあげて賛成することはできない。二つの違法論のもつそれぞれの短所が、これらの理論を客観的違法論の望ましい変更として考えることを許さないからである。

しかし、ヴェルツェルの人的違法論が私どもに行為の無価値の意義を認識させたことは、彼の功績であろう。また、マイホーファーが違法を二重の観点から規定しようとしていることは注目に値すると考える。この理論構成を、違法非難の方向へ導くことなく、伝統的な客観的違法論に取り入れることができるならば、さきにあげた二つの要求を満たすのに、さしあたり最も好都合なのではなかろうか。

(28) E. Mezger, Kurz-Lehrbuch, 6. Aufl. 1955, S. 81.

(29) Welzel, Das neue Bild, S. 21, 23.

(30) Welzel, Um die finale Handlungslehre, 1949, S. 145.

(31) Würtenberger, a. a. O., S. 63. 53 f. 参照。

(32) マイホーファーはこれを態度の無価値（Verhaltensunwert）といっているが、結果の無価値に対する意味で用いているので、ここでいう行為の無価値の意味だと考える。

(33) Welzel, Über den substantiellen Begriff, S. 107.

(34) a. a. O., S. 113.

(35) a. a. O., Anm. 7.

(36) R. Maurach, Deutsches Strafrecht, Allg. Teil 1. Aufl. 1954. S. 119, 329 ff.

(37) この場合、ヴェルツェルの理論では行為者にではなく、行為に無価値判断が下されるのであるが、前に述べたように、マイホーファーはこれを行為者についての無価値判断とすべきだと考える。

(38) マイホーファーの違法論には、むしろ「一般的・主観的違法論」の名がふさわしいように思われる。従来の主観的違法論は、これに反し「個別的・主観的違法論」と考えられるであろう。

7

責任理論の或る史的考察

一　帰責と故意・過失
二　故意・過失と責任理論
三　目的的行為論と故意・過失
四　むすび

一　帰責と故意・過失

違法な行為を行ったことを理由にして行為者にその責を負わせること、すなわち刑法上の帰責の問題は、古くローマ法にまで遡ることができる。もっとも、ローマ法の初期或いはなお古い時代には、不法行為に対する責任は刑事責任・民事責任という観念をもって区別されてはいなかった。原則として、あらゆる加害行為に対する責任は一様に認められ、加害者は被害者から反撃を受けなければならなかった。この反撃は制裁的（刑事的）な要素と損害塡補（民事的）の要素とを同時に含んでいた。公の犯罪（公的利益の侵害行為）および重大な犯罪に対する責任だけはかなり早くから独自の取扱いを受けたが、私的な犯罪とも呼ばれるべき個人相互間の利益侵害行為については、刑事上の不法行為と民事上の不法行為とが未分化の状態にあったため、責任の確定にも区別がなかったのである。しかし、この未分化は無自覚によってもたらされたものではない。有責な個人的利益の侵害行為には、それが刑事的な性質のものであれ民事的な性質のものであれ、制裁による苦痛と同時に損害塡補の義務が効果として科せられねばならないと考えられたことによる。[1]復讐はこの二つの機能を果すものと考えられる。

この段階においては、責任の有無に関する決定は、行為者の主観的態度のいかんに拘らず、惹起された利益侵害的結果にのみ依存した。行為者は一般に故意・過失の有無に拘らず侵害的結果に対して責任を負わなければならないという、いわゆる結果責任或いは無過失責任は、近代法の源であるローマ法の最古の成文法にも見られる。すなわち、十二表法は当事者間に示談の調わないときは同害報復が許されることを規定し、加えられた損害と同じ損害が加害者に向けられた。しかしこの場合にも、結果責任は、結果が生じた以上法的に非難されるべき主観的態度（故意・過失）がない場合にも責任を負わなければならない、ということを意味するのではない。侵害的結果が惹起されたならば、その際の主観的態度はすでに非難されるべき原因を有するものと考えられたのである。[2] 事実、ローマの十二表法には復讐の名残りである同害報復の許される場合が規定されたが、同害報復の原因となった不法行為は、いずれも加害者の悪意または過失の伴うのを通常とするものであった。従って、この段階においてすでに主観的要素が不法行為責任成立の要件とされるべき契機がひそんでいたと考えられる。

ゲルマン法のもとにおいても不法行為に対する反撃が公法的なものか私法的なものかを区別することは難しく、従って、不法行為責任もそれが刑事責任か民事責任かを区別することは困難である。ゲルマン法においては、単に私法的請求権を伴う軽い法的侵害に対して、固有の意味における犯罪行為（Missetat）は平和侵害（Skand）という概念のもとに一括された。法によって保護された平和を破壊するあらゆる侵害行為がこれに含まれるが、平和侵害はさらに重大な平和侵害と一般平和侵害とに区別された。重大な平和侵害に対しては、少なくとも侵害が社会または国家に対するものである限り、公権力によって刑罰が科せられた。これに反して一般平和侵害は私法的事項であったので、被害者または被害を受けた氏族共同体が裁判所に出訴した場合にのみ公権力が介入したに過ぎなかった。[3]

ゲルマン法のもとでも違法な行為に対する責任は行われた行為そのものについて問われ、行為がいかなる主観的態度から行われたかは問題とされなかった。ローマ法においては通常悪意に基づくとみられるものが不法行為としてあげられているのに反して、ゲルマン法においては、平和侵害は常に客観的に結果によってのみ判断され、特に悪意に出たと考えられる場合のみが不法行為とされるのではない。それ故にゲルマン法のもとではより一そう結果責任の原理が支配していたように見える。しかしこの場合にも、われわれの今日の責任原理と比べて「結果責任」といいうるだけであって、行為者の主観的要素を全然顧慮しないことを意味するのではない。侵害的結果が惹起されれば、それはとりもなおさず犯意の表現と考えられたのである。すなわち、結果がいかなる主観的態度によって引き起されたかは、行為の際に行為者がもっていた事実上の心理状態によって決められるのではなく——ゲルマンの法手続には行為者の心理状態によって決定しうる可能性は全く欠けていた——、行為自体にそなわっている外部的メルクマールによって決定された。ゲルマン法のように復讐を大幅に認めていた法思想は、犯意を何よりも報復者の立場から眺める傾向にあったからである。(4)

ローマ古法における結果責任は、やがて今日ローマ法思想といわれる過失責任主義へ移っていくのであるが、それは決して対立するものへの転化ではなく、すでに包蔵されていたものへの発展的移行であると考えられる。そしてこの移行の根拠としてつぎの二つのものが考えられる。第一に、ローマの不法行為法が実際上故意または過失に基づいてのみ発生すると考えられる加害行為を個別的に不法行為の類型として規定することによって、不法行為責任の根拠は行為に内含された悪意（故意・過失）にあると見られるようになった点にある。第二の根拠は、侵害的結果と行為との因果関係について正しい認識が目覚めてきたという点にある。ローマ法においては、最初は直接的な因果関係のもとに責任が認められたため、損害の発生に最も近い原因を与えた者が責任を負わされた。しかし、結果に直接の原因を与えたという理由でその行為者に責任を帰属せしめるのは、結果と行為との因果関係を自然的な因果関係と同じに考えるものであり、素朴な帰責観念に甘んじるものであることが自覚されるようになった。結果に対して原因を与えた行為者に責任を負わせることは、法的価値判断と結びつけて考えられねばならない。すなわち、単なる自然的因果関係ではなく、行為は結果に対して責任を帰せられるべき理由をもつか、が判断されなければならない。このことを自覚することによって、侵害的結果に対する原因を確定する法上の因果関係の問題は、自然的必然的な因果法則によって決定される問題ではなく、帰責の理由としてとらえられるべき法的価値関係の問題であることが承認されるようになる。その結果、因果関係問題と帰責問題とは、前者の確定によって後者が決定されるという関係にあるのではなく、両者は一応別個の関係に置かれることとなる。従って、行為者の行為が結果発生の直接的な原因であるというだけの理由から直ちに行為者に責任を帰属せしめるべきではなく、行為者が結果の発生に対していかなる主観的態度をとったかによって責任の帰属関係が定められなければならない。ここにおいて、行為者の主観的態度――それは故意・過失という純化された形式において理解されてよい――がいわば実質的な因果関係としての責任帰属関係の中核としてとらえられるようになる。故意・過失がなければ、外部的行為はたとい結果の事実的な原因と見られる場合であっても帰責の原因とは認められず、責任帰属関係は存在しないことになる。(5)(6)

このように、一方では法上の因果関係確定の問題が反省自覚されたことにより、他方ではローマ法が実際上故意・過失に基づいてのみ発生すると考えられる行為を不法行為として規定したことによって、ローマ法においてすでに、故意は過失とともに帰責問題にとって不可欠の要素、まさに中心的な要素と考えられるようになった。

もちろん、ローマ法における故意（Dolus）および過失（Culpa）の概念は、今日刑事責任の要素として考えられている故意・過失と同じものではない。(7) Dolus に基づく行為であっても私的利益に対する侵害は公刑罰の対象である犯罪（Crimen）を構成するものではなかった。また、Culpa が私刑罰のための責任を基礎づけることは――少なくとも後期ローマ法学者によって認められるまでは――決してなかった。さらに、私刑罰としての贖罪金支払を確定する手続は刑事上の手続として行われたのではなく、民事裁判官によって行われた。Culpa も現今の過失概念とは異なり、Casus（害悪の惹起が意思行為に基づかない場合であって Dolus に対立するもの）のうちで処罰に値するもののみを指し、現今の未必故意に相当するものをも含んでいた。このような理由から、Dolus および Culpa はその後多くは民事責任上の概念として、民法上において詳細な理論的展開が試みられるのが通常であった。

中世ドイツの法も前時期に達せられた立場をほとんど越えることはなかった。刑事司法の基礎に関する学問的意識が欠缺していたことが、この時期における法的概念の発展を妨げた。ザクセンシュピーゲルによれば、あたかも責任の概念はすでに把握されているように見受けられ、また、故意および過失が二つの責任の種類として単なる偶然から区別されているように見える。しかしこの時期の刑法もまた、すでに見た結果責任を乗り越えることはなかった。従って、意欲された行為と意欲されない行為とが区別され、また意欲された行為が多様な用語を用いて多くの種類に区別されてはいるが、依然として外部的行為に固執し、典型的な無意行為（Ungefährwerk）も長い間、法の対象から除外されなかった。(8)

古い時代の刑法と新しい時代の刑法との本質的な差異は、今日では責任原理（責任処罰の原則）から出発しているのに反して過去においては結果責任の原理（結果処罰の原則）が妥当していたという点にあるのではなく、過去の法は今日のものよりはるかに広範囲において違法な結果の惹起を必然的な責任の徴表と考えた、という点にある。(9) 行為が有責に行われたかどうかは、行為自体にそなわった外部的メルクマールによって決定された。また、行為と結果との間の因果関係の存在が帰責のための十分な基礎とみなされた。このことによってゲルマンおよび中世の刑法が責任刑法の観念を無視していたと考えるべきではないが、古い刑法では外部的行為が責任を徴表するに十分であったから、「責任」に関しては特別問題とされなかった。

十五世紀のドイツの刑法および刑事裁判手続も、ドイツの法律そのものの体系が不十分であったうえに、他国の法、殊にローマ法の精神を受入れることがほとんどなかったので、旧態を破ることはできなかった。しかし、一四九八年のウオルムスの改革においてはじめてイタリアの法思想がドイツに取り入れられ、それは引きつづき一五〇七年のバムベルグの刑事裁判所規則（いわゆるバムベルゲンジス）並びに一五三二年のカール五世の刑事裁判所規則（いわゆるカロリナ刑法）にいきいきと流入した。ウオルムスの改革も法律史上注目すべき事業であったが、刑事司法の領域における法の継受にとって決定的意義をもつのは、なかでもバムベルゲンジスである。バムベルゲンジスはバムベルグの宮廷裁判官であったシュワルツェンベルクおよびホーエンランズベルクの手になる偉大な業績であるが、バムベルゲンジスの規定は、後にその大部分がカロリナ刑法に移されることによって全ドイツ帝国に意味をもつようになったからである。カロリナ刑法も従って実質的にはシュワルツェンベルクらの業績と考えられる[10]。法の継受によって刑事司法の領域に取り入れられたのは、コルプス・ユリスを基礎としてイタリアの法律家たちが展開した刑法であった。司法実務に役立つことを目的として学問的研究が重ねられ、司法実務の体験を経てきたこの刑法が継受されることによって、ドイツの刑事司法の形成にかなりの影響が与えられた[11]。

シュワルツェンベルクは刑罰と責任とを正しい関係に置こうと努力した。問題の中心はつぎの点にあった。原則として故意が、場合によっては過失が、すなわち有責な内心的態度があらゆる場合に刑罰の前提であり、偶然による侵害の惹起に対しては何ら刑罰が科せられない、ということである。そしてバムベルゲンジスおよびカロリナ刑法において、責任処罰の原理を国家の刑罰の基礎とすること、結果責任（結果処罰）、特に無意行為の処罰を完全に排除することが達せられた[12]。さらにもう一つシュワルツェンベルクの努力に見られる注目すべき点は、彼が責任を故意・過失という純粋に形式的心理的な見方においてとらえようとしなかったことである。責任は全行為者人格の評価を含んでいるということ、従って責任の重さは個々の場合に社会生活の要求に対する行為者の内心的な気持の全体によって条件づけられるということ、これらはシュワルツェンベルクの学問的論議に見られるわけではないが、しかも彼の裁判官としての言動によって暗示された彼の思想であった。刑事責任に関する彼の見解は、人格の道徳的評価を内容とするものではないが、宗教的動機から厳格な非決定論の立場をとり、行為に対する行為者の責任を意思自由のうえに基礎づけることによって、責任と刑罰に道徳的基礎を提供した。彼の手になる法典は、刑の量定に関して「個人の事情および人物に応じて」裁判官に裁量の余地を認めている。またカロリナ刑法第一一六条（飢餓における窃盗の規定）は、行為者に堪えられない外部的干渉がある場合には、行為の非難可能性がなくなるという理由で刑罰を免除しうることを認めているので、逆に、行為者に特に非難に値する法敵対的態度が見られる場合にはより重い責任を認めてよいことになるであろう[13]。これらのことからも、シュワルツェンベルクの意図を読み取ることができる。

以上に述べたように、カロリナ刑法のもとでは刑事責任に関する問題はかなり実質的に把握されるようになった。しかし一般に刑法に関する理論はなお原始的な状態に留まっており、この状態は、十六、七世紀にすでに開花した普通法上の民法理論によっても克服されえなかった(14)。それは、カロリナ刑法およびそれにつづく法律の体系がなお不完全であり、また刑罰の前提が満足すべき方法で規定されなかったからである。さらに、カロリナ刑法において絶対的な意味をもっていた規定がつぎの時代にはもはやその時代の法感情に適合しないために妥当性を主張しえない場合がしばしばあったことも理由にあげられよう(15)。ただ故意および過失概念の理論構成のみは、民法上の概念に依存することによって、従ってローマ法上の概念構成を部分的に取り入れることによって、かなり活発な試みがなされた(16)。これは、カロリナ刑法が刑法上の責任を故意および過失の犯罪実行に結びつけたために、学者の仕事の大部分が故意および過失概念の確定に向けられたことによると考えられる(17)。故意および過失概念の把握に関してはこのような事情であったが、しかもなお、広義における責任概念の理論的把握は問題にもならなかった。当時最も有名な、そして学問的成果をあげえたと考えられているカルプツォフの著作も(18)、彼が裁判官としてたずさわった裁判実務の立場から刑事裁判官に宛てて書かれた実務のための指針の総括であり、体系的な著述ではなかった(19)。

法継受の後、十六世紀から十八世紀にかけて普通法のもとで刑法に関して理論的な問題が取扱われたとすれば、それはむしろ「刑罰」理論の展開であった。すなわち刑罰の意味、目的、そして刑罰の正当化が問題とされた。

その後の刑法理論は時代とともに変化する哲学的世界観、殊に自然法思想に支配された。自然法の影響によって刑法上の諸問題ははじめて理論的な基礎づけを与えられたといってよい。しかし、自然法思想家にとっては刑法理論も一片の世界観を意味するのみであって、刑法理論は哲学の領域へ引き入れられるという結果を招いた。このような状態は、一方では刑事政策的理念の展開を助成したが、他方では概念の探究を阻害した。そして刑法理論は哲学的世界像の変動に支配された。とりわけ十八世紀の六〇年以来、刑法学も啓蒙思想の世界に引き入れられた。刑法学史に登場してくるベッカリアは、啓蒙期の自然法思想の代表者の一人である。彼は個人の自由を高調し、犯罪の予防と社会一般人に対する警告とに必要な限度を超えた応報的刑罰、殊に死刑は惨虐・不正なものであるとして、これに反対した。ベッカリアの書物がドイツに入る以前にも、ドイツではホムメルが刑法において啓蒙主義の思想を展開した。さらにカントとともに刑法学はまた新たな哲学的思想の影響を受け、応報刑思想が再び承認を受けるようになった。フォイエルバッハはカントの思想を承継しつつ、啓蒙主義的合理主義を根拠として心理的な強制による一般予防を刑罰の目的とし、いわゆる心理強制説を刑法理論の基礎とした[20]。このような傾向は、さらに刑法上の諸問題の取扱いをカントにはじまるドイツ理想主義哲学の種々の体系に依存せしめる方向へと発展させた。ヤルケ、ロースヒルト、フォン・ヴェヒターらはシェリングの思想を土台とし、アベッグ、ケストリン、ベルナー、ヘルシュナーらは、犯罪を「法の否定」とするヘーゲルの思想を刑法上の概念の技術的な体系づけに取り入れた。

刑法典が整備され、成文化された刑罰法規が増大するとともに、事態は変化してきた。ベルナーはなお、法典に基づく法律的な構成とは別に哲学的な理論構成を企て、体系的・法律的な方法とは別に哲学的・思弁的方法を刑法理論の構成に採用していた。これに対して、ビンディングははじめて実定法主義の見地に立ち、ただ実定法に用いられた概念のみを材料として、それらを体系的に説明することを刑法学の目標とした。ここではじめて刑法理論は哲学と決別し、固有の法律学の領域に引き戻された[21]。

刑法上の責任の理論もいま述べたような刑法理論一般のたどった発展過程からはずれるものではない。刑法上の責任の理論的研究は、刑法学が独立の科学として哲学から分かれそれ固有の法律的方法を意識して活動したときにはじまる[22]。前に述べたように、故意・過失そのものについてはすでにかなり早くから法的意味および概念内容に関する研究が行われており、近代刑法学の創設者といわれるフォイエルバッハにおいては、刑法上の概念としての理論構成が一応完成されていた。ただ重要なことは、この場合故意・過失の問題は常に「帰責」問題に結びついており、故意・過失の概念規定は帰責関係の確定を意識してのものであったと考えられる。すなわちここでは、外部的行為の因果関係の確立と同時に内心的態度の帰責関係を決定することによって、行為の可罰性が理由づけられたといえよう。しかしその後の認識は、故意・過失は責任そのものではないこと、また故意・過失の概念を確立することによって必然的に責任の概念が明らかにされるものでもないことを気付かせた。責任概念そのものの理論的展開は個々の犯罪要素の存在および概念内容に直接依存するものではない。事実、その後多様に展開された責任の本質をめぐる理論は、故意・過失の意義および犯罪体系上の地位をどのように規定するかという問題とは切り離しえたと考えられる。固有の責任論は犯罪の本質的観察に基づいて構成されてきた。また、故意・過失についてはかなり早くから理論的に研究されていたのに反し、責任論そのものははるかに後に、実定法主義の立場に立つビンディングに至ってはじめて、本格的な理論構成が試みられたということができる。故意・過失と責任との関係は、むしろ、故意・過失の概念および体系的地位が責任の本質論に依存すると考えるほうが適当であろう。故意・過失論と責任論とは、発生史的には前者が先順位を占めるが、論理的にはむしろ後者が先行するのであろう。すなわち、故意・過失によって責任が必然的に規定されるのではなく、むしろ逆に、責任の本質の究明が進むに応じて、故意・過失の概念規定および体系的地位が拘束を受けることになるであろう。事実、責任論の史的発展過程においてこのような現象がみられる。つぎに、さらにこのような関係を責任概念の理論的展開過程をたどりながらみてみよう。

（1）石本雅男、不法行為論（法学叢書）三頁以下参照。
（2）同、一四頁。
（3）同、七一頁以下参照。
（4）E. Schmidt, Einführung in die Geschichte der deutschen Strafrechtspflege, S. 30.

(5) 石本、不法行為論八一頁以下。

(6) ゲルマン法においては、損害発生に対する責任は加害者のみならず彼の属する氏族共同体全員に帰せられ、いわゆる個人責任の原理の上に立っていなかったから、損害発生に原因を与えた個人の主観的態度を帰責のよりどころとすることへの自覚は生まれなかった。

(7) Binding, Die Schuld im deutschen Strafrecht. Vorsatz, Irrtum, Fahrlässigkeit, 1919 S. 10 ff. 参照。

(8) E. Schmidt, a. a. O., S. 66.

(9) Arthur Kaufmann, Das Schuldprinzip, 1961, S. 218.

(10) E. Schmidt, a. a. O., S. 103.

(11) a. a. O., S. 102.

(12) a. a. O., S. 111 参照。

(13) a. a. O., S. 112 ff.

(14) E. Wolf, Strafrechtliche Schuldlehre I, 1928, S. 6.

(15) E. Schmidt, a. a. O., S. 158.

(16) 故意論の歴史的展開については、不破武夫、刑事責任論五〇頁以下参照。

(17) ただし、普通法のもとでは故意概念の把握は非常に困難であった。それは、訴訟法の領域において、表象や意思方向のごとき内心的事実に関しても、自由な証明・評価が認められておらず、むしろ多かれ少なかれ厳格な証明の規則が守られなければならなかったためである。そこで故意理論は、訴訟上の証明の現実的可能性の問題にいちじるしく拘束された（E. Schmidt, a. a. O., S. 162）。

(18) „Nova practica rerum criminalium".

(19) E. Wolf, a. a. O., S. 6.

(20) E・ウオルフによれば、フォイエルバッハの心理強制説は刑法の体系的認識の産物ではなく、むしろ刑事政策的な欲求のための一つの世界観の現れに過ぎないから、一般的にいわれているように彼が近代刑法理論の創設者である、という考えは正しくない（E. Wolf, a. a. O., S. 8）。

(21) E. Wolf, a. a. O., S. 8 ff.

(22) a. a. O., S. 5.

二 故意・過失と責任理論

責任に関する理論のうちには、最初から故意・過失と責任との結びつきを否定するものがある。一つは客観主義的責任論であり[1]、もう一つは徴表主義的責任論[2]といわれるものである。客観主義的責任論は、責任を行為に対する行為者の主観的関係またはこの関係の評価として把握することなく、行われた行為を行為者の責任の根拠とするものである。これに対して徴表主義的責任論は、行われた行為をすでに有する行為者の危険性の徴表とみて責任を決定する。この二つは、責任に関するいろいろの見解のうちで、たがいに最もかけ離れた立場に立っている。すなわち客観主義的責任論は、行われた行為によってはじめてその行為に対する行為者の責任を問題とし、行為に現れた客観的特性においてその行為に対する一回限りの答責性を認めるが、徴表主義的責任論は、行為者の責任を行為の行われる前にすでに行為者の人格のなかに存するものと考え、行われた行為はそれの単なる徴表とみるに過ぎない。両説の隔りが大きいにも拘らず、それらは行為に対する行為者の主観的関係が直接責任に関係するものではないという点において一致している。客観主義的責任論は、行為に対する行為者の主観的関係を顧慮するまでもなく、客観的な関係で満足するからであり、徴表主義的責任論にとっては、行為に対する行為者の一回限りの関係は責任判断にとって徴表的な意味をもつに過ぎず、構成的な意味をもたないからである。従って、この二つの責任論においては故意・過失の問題は責任論の領域には属さないことになる。

責任論に関する客観説および徴表説は現在では支持者をもたないといってよい。近来論議され支持されてきた責任論はこれら二つのいずれでもなく、責任を行為に対する行為者の一定の主観的関係においてとらえるところの主観的な理論である。主観的な責任論のうちにも見解の対立はある。対立は、行為に対する行為者の主観的関係をいかなる意味において把握するかによって生ずる。深い哲学的認識に基づいて責任に関する学説を分析したウオルフの論述によれば、責任概念をめぐる理論は三つの異なった立場において展開された。すなわち、第一は解釈論的―心理的責任論の立場から、第二は規範的―倫理的責任論の立場から、第三は認識的―心理的責任論の立場からである。[3] ここで論議を進めるうえに便利だと考えるので、ウオルフのこの分類を利用して故意・過失と責任との関係をみることにする。

(一) 解釈論的―心理的責任論

主観的責任論はいずれも行為に対する行為者の主観的関係に着眼するが、この主観的関係は実定法において構成要件に属する行為事情の認識(故意)および過失による不認識(過失)として規定されているから、[4] 責任の問題はおのずとこの二つの法律上の主観的形式に結びつくとする見解である。もちろん責任概念それ自体は法律によって規定されているものではなく、またさきに述べたとおり論理的には故意・過失概念が責任概念に優先するものではないが、近代刑法における責任論はもはや哲学的抽象的な理論の遊戯ではなく、超法的な思惟過程をとって展開されるものでもなく、むしろ具体的な法典に依拠しつつ法律理論として考えられなければならない。この点において、法律の解釈問題から責任論に入っていこうとする解釈論的―心理的責任論の存在理由が認められる。

この立場は法典上規定された故意・過失を直接のよりどころとし、これを責任形式としてとらえる。そしてこの二つの心理的関係の概念をもって責任概念を表わすことで満足する。例えばオェトカーやフィンガーがこれに属する。しかし、ただ二つの心理的形式の内容を規定するだけで責任の理論問題を片付けることは、理論構成としてあまりにも粗雑である。そこで一方では、責任形式をさらに分析して責任概念を表わすのにふさわしい分類を試みるという方向へ、他方では、二つの責任形式を結び付けている一つの責任概念を導き出すために二つの責任形式に共通のものを求める方向へ道が開かれた。さきの道を歩んだのはレフラーおよびミリッカであり、後の道をとったのはラートブルフである。

レフラーは責任形式を故意と過失とに二分することに反対し、三分説を提唱した。すなわち故意のうちから未必故意を、過失のうちから認識ある過失を抜き出し、この二つをまとめて故意・過失とは別の新しい責任形式 Wissentlichkeit を作るのである。三分説はミリッカによって完成された。この新しい試みは、故意と過失との限界をどの点に求めるかをめぐって生じた問題を解決するのには役立った。しかし三分説は責任の形式の分類というよりはむしろ責任の重さの分類と考えられるため、責任概念の規定に関しては何ものも寄与しない。また、法典は単に二つの責任形式を認めているに過ぎないから、特に解釈論的立場からは現実的価値をもたない。

ラートブルフの試みは、責任概念を心理的に規定しようとする限り構成要件的事実の認識に基づく故意と認識のないことに基づく過失とを統一することは不可能である、という結論に到達する結果となった。そこで彼は責任概念を責任形式から展開することを否定しなければならなかった。カール・シュミットも、責任概念を心理的な責任形式から獲得しようとすることが方法論的に誤りであることを自覚した。その結果彼は、一般に責任概念を法的に構成することの可能性を疑い、責任論は超法的なものにならざるをえないと考える。

結局、解釈論的—心理的立場からは責任概念を実質的に規定することはできないことが認められる。

(二)　規範的—倫理的責任論

ラートブルフの統一的責任概念の試みの放棄およびカール・シュミットの超法的責任概念への警告によって、責任に関する理論は全く新しい方向へ転ずるべき機縁が与えられた。すなわち規範的—倫理的な責任論である。規範的責任論はフランクにはじまり、ゴールドシュミットによって理論的展開がなされ、フロイデンタールを経てE・

シュミットおよびメツガーに至って今日の姿にまで完成された。この立場は故意・過失を責任形式とみることをやめ、従って故意・過失をもって責任概念を表わすことを否定する。フランクは故意および過失を一つの責任要素として理解する。彼によれば、故意または過失が他の責任要素（責任能力および附随事情）とともに存する場合には、行為者が行為に出たことを非難できる。そしてこの非難可能性こそ責任であると考えた。彼の初期の理論はのちに修正されたが、責任が非難であるという点においては彼およびそれにつづく人たちの規範的責任論を通じて理論は一貫している。

非難可能性の内容がいかなるものかについては、後で述べるように意見の対立がみられる。しかし一致して責任の実体を非難可能性に求める点において、この立場は責任問題の中心を、行為に対する行為者の主観的関係から、この関係の評価の領域へ移す。ここで主観的関係そのものとそれの評価とは異なった世界に属するものであることが認識され、両者は概念上区別して取扱われるようになる。責任の形式として考えられた故意・過失は単に責任の一要素であって、故意・過失のあることが責任を示すのではない。故意・過失があっても、何らかの事情があるために規範的にみて非難をなしえない場合がある。その場合には責任は認められない。責任問題は観察の因果的な領域から目的論的な領域へ、事実的・心理的な領域から価値的・規範的な領域へ押しやられた。

ところで、責任を価値的・規範倫理的立場において論ずるということは、カール・シュミットが認めたように、責任論を超法的なものとする危険を招く。ラートブルフはそのために故意と過失とに共通の責任概念を求めることを断念したのである。E・シュミットはこの危険から責任論を救った。彼は責任概念をシュタムラーの意味における形式的な法目的の観念から導き、責任を、客観的に設定されたこの目的に対する主観的反抗の法的否認としてとらえる(5)。規範的責任論のその他の代表者たちも、責任概念の根拠を法規範或いは法の背後にあって法を支えている特別の社会生活規範に求めることによって、責任論の法的性格を保持させていると考えられる。

すでに早くビンディングは「規範説」(Normentheorie)を打ち立て、犯罪を規範違反の行為として把握する。そこで責任問題にとっては、行為に対する行為者の関係ではなく、行為規範に対する行為者の関係のみが重要であることを指摘した。(6) しかし彼のこの主張は、彼が出発点においてとった立場とは矛盾する。彼は最初、法上の概念は純粋に法律的に、すなわち法典から出発して理論的体系に導き入れるという方法によって規定さるべきことを主張した。この立場から彼は、また別の機会に、法上の責任概念は倫理から説明されるものではなく道徳的責任とは厳格に区別される、とも述べている。(7) しかし彼の規範論では、規範は刑罰法規から厳格に区別され、刑罰法規は国家に刑罰を科する権利を与える法規であるのに反して、規範は国民に国家の命令に服従することを要求するものである。ビンディングは、規範は刑罰法規に概念的に先行するものであることを認めて、刑罰法規に対する規範の独立性を強調しているのである。(8) ここからさきほど述べた矛盾が出てくる。しかし、ビンディングの考えている規範を、刑罰法規に独立するものではあっても刑罰法規に無関係なものではないと考えるなら、矛盾は救われるかも知れない。

M・E・マイヤーの場合には、法規範の背後にある文化規範に対する行為者の関係が責任において問題となる。責任概念に関してM・E・マイヤーの場合に注目されるのは、彼の責任概念が二つの意味において考えられていると思われる点である。すなわち彼の責任概念は、広義においては答責性を意味し、狭義においては非難可能性を意味する。答責性は行為の客観的な因果性とは区別された主観的な帰責性(Zurechnung)であり、非難可能性は帰責によって導かれた個別的責任(Schuld)である。(9)

さらに、ゴールドシュミットは実質的な義務違反として、ドーナーは形式的な義務違反としての責任を認める。ゴールドシュミットは法規範に対応する義務規範を内心的態度の評価基準として責任論の中心に取り入れたのであり、(10) ドーナーは義務思想をカントの実践理性の定言的命令から導いたのである。(11)

また、メツガーの場合には、客観的生活秩序としての法(外部的態度の評価規範)に適合するべき意思決定を命ずる命令規範が責任の根拠とされる[12]。

規範的責任論の代表者たちは、それぞれ立場の相違はあるが、いずれも責任を行為者の反規範的態度の評価と考える。行為者の主観的態度の規範違反性または義務違反性が法の期待にそむくものであるという非難を責任概念の実体として理解するのである。この立場は、前に述べたように、責任の実体を行為に対する行為者の心理的関係そのものとみることから離れ、それに対する価値評価に求める。しかもこの心理的関係を責任問題から排除することはせず、責任判断の要素としての存在価値を認めている。

㈢　認識的―心理的責任論

この立場は時間的には規範的責任論と並行しており、責任を非難と考える点においては規範的責任論と区別されない。異なるのは、規範的責任論が責任判断の内容を主観的な規範侵害に対する非難とみるのに対して、この立場は規範価値に対する心理的な欠陥性への非難であると考える点である。この欠陥は、法の保護する利益の維持に対する心理的な欠陥であって、それは消極的に抑制観念の欠けていることであるとも考えられ、また積極的に価値観念或いは義務意識に欠陥あることであるとも考えられる。そこで、この心理的欠陥の非難可能性を確定するためには、法の客観的価値或いは法益に対する行為者の価値観念の関係を心理学的に究明しなければならないことになる。この点にこの理論の特色がある。例えば、この立場の代表者の一人であるコールラウッシュは義務意識の欠陥に心理的欠陥をみるが、その場合彼は主観的な責任評価を単に行為者の態度の義務違反性に向けるだけではなく、行為者の態度をその心理的形成過程において追究し、動機づけを伴った行為への決心の形成理由を心理学的に解明することを要求する[13]。そのほか、エクスナーは快楽感情の欠陥性に、エンゲルハルトは法益に対する価値意識の欠陥性に、ヘーグラーおよびハイムスは社会感情の欠陥性に責任評価を向ける。

以上に述べたことから判明するように、近代における刑事責任の理論は、法典上の二つの主観的態度形式である故意および過失から責任概念を展開するという解釈的試みによってはじめられた。しかしその結果は、心理的関係としての故意・過失からその上位概念として責任概念を導くことが不可能であることを自覚させられた。そこで責任の理論構成をめぐる努力は次第に故意・過失から離れ、規範的価値に対する主観的態度の法的評価の問題に中心が移っていった。責任それ自体は本来故意・過失に依存すべきものではなく、これとは無関係に、犯罪体系の構成上、構成要件該当性および違法性とともに第三の構成要素として要求されたものであるとすれば、責任論の展開が現実にこのような過程をたどったことは、むしろ当然であった。しかし、責任が行為者の主観的態度の評価であることを承認する限り、行為と行為者との心理関係という実体を離れて責任を論ずることはできないはずである。この意味で、責任論がこの理論的発展の段階に至るまで故意・過失を責任の領域から追い出すことがなかったのは妥当だと思われる。

（1）　グロスマン、ナグラー、フォン・フェルネックらがその代表者である。
（2）　リストより出て、テザール、コルマン、フォン・リリエンタール（主観主義的分派）、およびリープマン、グリュンフート（客観主義的分派）らによって代表される。
（3）　E. Wolf, a. a. O., S. 39 f.
（4）　ドイツ刑法第五九条。
（5）　E. Wolf, a. a. O., S. 56.
（6）　Binding, Normen II, S. 259.
（7）　Binding, Normen II, S. 269.
（8）　Binding, Normen I, S. 4, 88 ff. Handbuch des Strafrechts, S. 162, 164.
（9）　M. E. Mayer, Der Allgemeine Teil des deutschen Strafrechts, S. 201.
（10）　Goldschmidt, Der Notstand, S. 16 f.

(11) E. Wolf, a. a. O., S. 62. さらにドーナーは新カント派のシュタムラーの思想に依拠しつつ、「法の理念、正しい態度をとるべき原理に矛盾する態度は違法である」と述べて義務思想を違法論の基礎とし、同様の構成を主観面から行って責任論に持ち込む。
(12) Mezger, Studienbuch, I, S. 76.
(13) Kohlrausch, Irrtum und Schuldbegriff, S. 24 f.

三 目的的行為論と故意・過失

目的的行為論は事態を一変したと考えられる。

目的的行為論はもともと行為論をめぐる新しい概念構成に関するものであって、直接責任論に向けられたものではない。しかし行為論、さらには違法論における概念構成の改革は、必然的に責任論の構成にも影響を及ぼすことになる。この影響は、故意・過失が責任問題にとってもはや重要な意味をもたなくなった、という形をとって現れた。すなわち、これまで責任の要素と考えられてきた故意・過失が、目的的行為論の犯罪体系においてはもはや責任の構成的要素ではなく、行為の要素ないしは不法行為の要素として取扱われている。そして、後に述べるように、故意・過失が行為の要素であることおよび違法性の要素であることには、それぞれ積極的な理論的根拠があると考えられている。同じように、故意・過失が責任要素ではないという認識は、それらが行為の要素ないしは違法性の要素であるということから当然に導かれた結論に過ぎぬものではない。故意・過失が責任の要素でないということには、また積極的理由があると考えられている。

ヴェルツェルはつぎのように述べる。

責任の領域においても評価と評価の対象、或いは非難可能性と非難可能な行為とは区別されなければならない。

固有の意味における責任は、単に行為意思の評価としての非難可能性であるに過ぎない。厳格な意味での責任は非難可能性、従って行為意思の特殊の無価値的性質であるが、広い意味においては、この無価値的性質をも含めた全体としての行為意思それ自体が責任と呼ばれている。しかし、「責任」という言葉をこのように多義に用いることは多くの誤解を生む。故意が責任に属するかどうかということも、そもそもの原因はここにある。もしも広義に理解して、有責な行為意思、従って無価値的性質プラス責任評価の対象を「責任」と考えるならば、故意も「責任」に属するといえよう。が、そのときには単に故意ばかりでなく、故意行為の全体が、さらには故意ある違法な行為の全体が責任にはいることになりかねない。このような意味においては「責任」は一つの複合概念（Komplexbegriff）、行為・違法・非難可能性からなる複合概念であって、伝統的な考え方はこの複合概念から行為意思（故意）と非難可能性とを取り出して、特に「責任」と呼ぶのである。ここで明らかにしておかなければならないのは、この場合には、責任を構成する要素（das konstitutive Schuldelement）ではなく、非難可能性によって評価された行為意思自体がとらえられているということである。しかし責任は非難しうるという評価であり、行為および行為意思をはじめて有責なものにするところの構成的要素がとらえられなければならない。この構成的要素はひとり非難可能性のみである。(1)

ヴェルツェルは責任の本質が非難であることを認めている。彼の責任論も今日通説となっている規範的責任論に属することは争いないであろう。彼によれば、責任は「行為者が規範に適合した態度をとりえたに拘らず、法の要求に従った意思行為を行わなかった」という二重の関係を含み、この意思的態度の二重の関係のうちに責任の特殊の非難的性格がある。(2) しかし目的的行為論は故意を責任論から追い出し、評価と評価の客体とを厳格に区別することによって、責任の性格を純粋に「非難可能性」の評価に限定する。この点においてこれまでみてきた規範的責任論と同じではない。しかし、目的的行為論によって「評価」に限定された責任論は、心理的責任論から規範的責任論への発展過程をたどった刑事責任論の必然的に到達すべき結論であるとされる。そればかりでなく、さらに長い目で見るならば、この論稿でみてきたように古い時代の「結果責任」の観念で理解された責任概念がたどりつくべき結論であったかも知れない。故意・過失と責任との関係という点から考えるとこのようなことがいえるのではなかろうか。

(1) Welzel, Das neue Bild des Strafrechtssystems, S. 32 ff.
(2) a. a. O., S. 32.

四　むすび

㈠　初期のローマ法、ゲルマンおよび中世ドイツの刑法のもとで認められていた結果責任は、行為に対する行為者の現実の主観的関係（故意・過失を含む）を顧慮することなく、不法な結果が惹起されたことによって責任が負わされることを意味した。すでに述べたように、この場合もちろん主観的関係が全く無視されたのではなく、制裁を受けるべき不法な結果の惹起には非難すべき主観的関係が伴うものと考えられ、或いは不法な結果の惹起はそれ自体すでに悪意の表現であると考えられたのである。いいかえれば、結果責任の根拠は推定された故意・過失、或いは擬制された故意・過失にあったと考えられよう(1)。

㈡　この段階から進んで、つぎにローマ法の継受から普通法の時代を経て近代の責任論が樹立されるまでの間は、いわゆる責任原理が支配したと考えられる。ここでは不法な侵害行為に対する責任を認めるためには、故意・過失の存在が確立されなければならない。責任の根拠は故意・過失の存在にあったと考えられる。もっともこの責任原理の支配した長い時期には時の流れとともに責任観念にも変化が見られる。すなわち、故意・過失の存在のみが直ちに責任を理由づけると考えられた時期があり、故意・過失は二つの責任の形式だと考えられた時期があり、故意・過失は責任の一要素だとされた時期がある。しかしいずれも故意・過失は責任の認定にとって欠くべからざるものであった。

㈢　最後に目的的行為論の登場によって、責任は非難に値するという評価に過ぎないことになった。責任の根拠はもはや故意・過失ではなくなった。そればかりではなく、故意・過失は責任を構成するに必要な一要素ですらなくなった。

責任の認定のためには、最初は推定的または擬制的故意・過失で十分であり、つぎには確定的な故意・過失の存在が要求され、最後には故意・過失の存在だけでは意味をなさないと考えられるようになったのである。故意・過失と責任との関係が形式的にこのように動いてきたことの裏にはなお実質的な理由がなければならない。理由は責任のもつ二つの意味に求められると考える。すなわち、一つは「帰責性」（あるいは答責性）の意味における責任であり、もう一つは「非難可能性」の意味における責任である。帰責性ありということは、主観的にみて行為がその行為者のしわざであるということである。帰責性はいわば事実（行為と行為者との主観的関係）の確立であり、非難可能性は事実に対する価値評価である。故意・過失を要求する責任論は、じつは帰責性の意味における責任論であり（㈠の場合）、或いは帰責性の意味を含んだ責任論である（㈡の場合）。これに対して故意・過失を要求しない責任論は、非難可能性の意味における責任論である（㈢の場合）。

責任を非難可能性の意味における評価に限定することは責任理論の発展史の趨勢であったかも知れない。しかし、それが正しいかどうかは別問題である。(2)帰責論は客観的な因果関係論とは別ものである。帰責論は単に刑法上の行為の客観的性格を規定するものでもないと思う。非難可能性の意味における責任が今日の責任論の中核であることには異論ないが、それと帰責性の問題とのつながりを断ち切ってしまうことはなお考慮しなければならないのではなかろうか。

（1）もちろんこの場合、「故意・過失」といいきることには問題があろう。故意・過失の概念内容も異なるであろうし、また、「無過失責任」の存在、「無意行為の処罰」も否定しきれない。しかし、「故意・過失の擬制」という場合には、無過失責任や無意行為の処罰の場合を含めて考えても間違いではないであろう。

（2）瀧川幸辰博士はこれに反対される。特に博士の最近の論文として、「ジュリスト」一九六一年、二一七号参照。

8　構成要件の一つの問題

一　因果関係と帰属

二　行為概念と帰属

三　構成要件と帰属

一　因果関係と帰属（Zurechnung）

或る行為は違法な結果の原因と考えられるか、違法な結果はその行為によって引き起こされたのか、従ってその行為は違法な結果を引き起こした犯罪的行為であるか、これを確定するのが刑法上取扱われる因果関係の問題である。因果関係については従来種々の学説の対立があるが、これらは次の三つに大別される。第一は条件説（Bedingungstheorie）と呼ばれ、違法な結果の惹起に関係あるすべての条件を等しく原因と見るところから、同等説（Äquivalenztheorie）とも呼ばれる。第二は結果の発生に関係ある多くの条件のうちから特定のものを選び出して、これを原因とする立場で、原因説といわれる。個別化説（individualisierende Theorie）とも呼ばれる。第三は相当因果関係説（Adäquanztheorie）であり、一般的に観察して、その行為によって結果が発生したと考えることが相当である場合に因果関係ありと認める。一般化説（generalisierende Theorie）とも呼ばれる。

右にあげた学説の順序は必ずしも因果関係論の発展史に従うものではないが、このように因果関係論が変転したことは、刑法上の因果関係に対する認識が動揺していることを示している。すなわち、これらの学説の対立、少なくとも条件説と相当因果関係説との対立は、もはや単なる因果問題の内部での争いではなく、刑法における因果関係論の妥当性の限界に関係していると考えられる。ドーナーは、すでに一九〇六年に書かれた相当因果関係説に関する彼の論文の中で、このことに触れている(1)。彼は、「結果の発生にとって必然的であるために因果関係ありと宣言された或る物が、同時に、その結果の惹起に対して一般的な相当性を欠くために因果関係なきものとみなされる」ことがあるのではないかと疑い、その結果、原因の相当性の問題は、原因と結果の因果的な結合を確定する問題とは同じでありえない、と考えた。実際彼のいうように、結果に対する原因の相当性が問題とされるところでは因果的観察はすでに終っており、これとは種類の異なった観察がはじまっているのである。それでは、この種類の異なった観察とは一体何か。因果関係論のかなりまとまった著書であるトレーガーの「刑法および民法における因果概念」では、不作為に関してこのことが述べられている。[2] すなわち、トレーガーによれば、不作為について因果関係を語ることは不合理であり、単に比喩的な意味でしか不作為の因果関係は認められないが、しかし、このように不作為の因果関係を問題にするよりもより好ましいと考えられるのは、結果に対してある関係をもった不作為の法上の重要性を見ること、従って、因果的な不作為の代りに刑法上重要な意味をもった不作為を問題とすることである。その十数年後、トレーガーと同じく相当因果関係説に立つザウアーは、結果の相当性の問題は行為と結果との規範的・法的に方向づけられた関係を取扱う問題であることを指摘した。[3]

相当因果関係説は、因果関係を認める規準として経験を持ち出す。このことは、原因説がもろもろの機械的・物理的力関係を規準として原因を選択するのに比べ、相当因果関係説が一そうよく事柄の本質をわきまえていることをわれわれに理解させる。なぜなら、「経験」は事実の存在確定、従って認識のファクターではなく、価値判断の基本的ファクターであるからである。しかし相当因果関係説は、一般にはこのことを自覚せず、自らが因果概念という極度に存在論的なものの埒外にあることを等閑視していた。[4]

結果に対する相当性が実は帰属（Zurechnung）[5] の問題であることに対する自覚を強めたのはラレンツである。[6] 彼はヘーゲルが展開した帰属性の理論を基礎として、刑法上の帰属の概念の哲学的根拠を明らかにした。[7] それは自由なる意思であり、意思の自発性（Spontaneität）である。

ラレンツによれば、自由な意思は、目的を設定しそれを現実化する能力、因果の流れを意識的に目標へと方向づける能力によって、自然現象を支配し、それを自己の行為に変ずるのである。[8] 行為は意思と行為事実（Tat）との目的論的な総計である。ここから彼は帰属性の目的論的性格を明らかにする。結果を行為者の意思に結びつけること、すなわち帰属性は、因果的な判断ではなく、目的論的な判断である。ただこの帰属性は、責任への帰属ではなく、行為への帰属として客観的に把握されねばならないことを彼は主張する。従って、意識され、意欲された結果のみならず、意識されえたもの、意識の対象となりえた結果も行為者に帰せられることになる。

同じくヘーゲルから出発しながら、V・ブーリーは、因果関係の問題と帰属性の問題とをはっきり区別する立場を固執する。ヘーゲルが重視した意思の要素に対して、ブーリーもそれが犯罪論において有する価値を十分に認めたが、彼はただ意思の要素が担う重要な役割を行為概念のなかには見なかった。彼によれば、行為概念の形成に役立つ因果関係は一つの現象の生起の過程と考えられる(9)。それの原因と考えられるものは、結果の生起の過程に関与したあらゆる個々の力であるとともに、それらの力の総体でもある。人間の意思ももちろんこれらの力の一つと考えられるが、しかし意思がどのように作用したか、行為が意識的になされたか否かは、因果関係の決定にとっては問題にならない。意思がどのようなものであっても、事実の連鎖結合には何の変更も生じない。意思には、それによってその人に法上何かを要求しうるか、という問題がかかっているに過ぎない。事実の連鎖結合としての因果関係は法的或いは道徳的意味において追究することはできない(10)。かようにして、ブーリーにとっては意思支配による行為者への帰属は責任の問題であり、行為に関する問題は、意思内容を捨象した行為（Tat）と、結果に対するそれの因果関係（実際は条件関係）のみからなる。

ブーリーの考えは論理的には明解である。本来因果関係は存在論的な概念であり、自然の法則に従って生成発展する具体的現象のなかに原因＝結果の関係を把握する認識の形式であって、いかなる学問分野で因果関係の問題が取扱われようと、このことには変りはない。因果関係の問題は、それがあるかないか、認めうるか認めえないかを決定することであり、その際、法律家も自然科学者も同一の事象を目にしている。ただ法律家と自然科学者は研究課題を異にするために、同一の事実に対して異なった意義を、また異なった価値を与えるのである。従って、もしも刑法上の行為概念が法的価値に関係のない純粋に事実的なものであるべきならば、行為を規定する因果関係の理論はブーリーの主張をもって正しいとせねばならないであろう。しかし、ブーリーの行為概念は果して刑法上問題となりうる行為のすべてを包摂しつくすことができるであろうか。この重要な問に答えられない限り、もはや彼の理論はおおかたの賛同をうることはできないであろう。

なかでも問題になるのは、不作為がブーリーの理論によって行為として説明されうるかという点である。「人は不作為によっても罪を犯しうる」。そして「犯罪は行為である」。この命題は、いつのころからか、刑法上もはやほとんどゆるがぬ基礎を築いてきた。この命題を否定してかかるのでない限り、ブーリーも不作為の行為性を説明しなければならない。そこで彼は次のように述べる。「結果を妨害する原因を除去することは、結果に協力するものとして考えられる」[11]。そして「行為者が、彼の責任によるものではないが彼が回避しうる違法な結果を認識し、しかもそれによって彼に対して結果を回避することが要求される場合には、彼が結果回避に適する行為への意思をもたないことによって、彼は……結果を妨害する原因を抑圧したのである」[12]。このような説明によって、彼は不作為の因果関係を次の点に認めようとする。すなわち、行為者が結果回避への要求に応ずる意思を抱かなかった点に、結果発生への協力があると見るのである。しかし過失の不作為の場合はどうか。この場合には、結果は回避できるという認識もなく、回避すべしという要求も自覚されておらず、回避しようという意思が抑圧されたということもない。この問題に目をつむるとしても、不作為の因果関係を右に述べたように説明することは、ブーリーの意図、すなわち因果関係を意思内容とは切り離して客観的、事実的に規定しようとしたことに反するであろう。結果回避の要求に応ずる意思を抱かなかったということと、意思を抑圧したということとは、明らかに内心的な意思の問題である。いかなる動機から、またいかなる内心的事情から不作為の態度がとられたかということによって、客観的な事実関係が変ることはないはずである。

今日では、不作為にも因果関係を肯定するのが通説である。不作為に因果関係を肯定しうるか否かの問題は、もともと、因果関係概念を純粋に事実的に把握するか、或いは法的価値を含んだ概念と考えるかに関係している。従って、あらゆる条件を等しく原因とする立場（条件説）をとるか或いは諸条件のなかから特別価値あるものを選択する立場をとるか、によって決定される問題ではない。ただ相当因果関係説はさきに述べたように、事実的認識の立場を離れ、特定の価値的規準による判断として因果関係の問題を取扱うものであるから、この立場からは不作為を作為と等しく行為と見ることはより容易であるに違いない。しかし正確に見れば、これは因果関係論によって不作為の行為性を認めようとするものではない。本来の意味における因果関係は、二つの事象の間の自然法則による必然関係を示す概念である。この意味の因果関係は条件説の説くところで十分である。それ以外の因果関係の学説は、条件説の陥った困難から自分をまもることを予定して考え出されたものである。すなわちその根底には、無限に広がる因果関係を法の目的に照らして制限し、法上意味ある因果関係の範囲を画するという要請、それによっておそらく同時にあらゆる侵害的態度、特に故意・過失の不作為をも法上意味ある行為として行為概念に包摂せしめるという要請がある。しかし、一定の評価によって諸条件のなかから原因を選択する因果関係論は、そのことによって同時に本来の因果関係論ではなくなることを自覚しなければならないであろう。

（1）　Graf zu Dohna, "Beitrag zur Lehre von der adäquaten Verursachung," MSchrKrimPsych., 2. Jahrg., S. 425 ff.

（2）　Traeger, "Der Kausalbegriff im Straf- und Zivilrecht," 1904, 72 f.

（3）　Sauer, Grundlagen des Strafrechts, 1921, S. 443.

（4）　R. Honig, "Kausalität und objektive Zurechnung," Frank-Festgabe, Bd. 1., S. 178 参照。

（5）　「帰属」というのはいかなる概念か。またそれはいつ、いかなる場合に問題とされてきたか。これらの問題については、ここで論ずる意図はない。しかしこうした用語を用いる以上、それが何を意味しているかを明らかにしなければならない。

帰属性または帰属可能性（imputativitas）の概念を法律学にもち込んだのはプーフェンドルフであり、彼はアリストテレスの神学からこれを受け入れた。アリストテレスによれば、人間の行為は物的な面と道徳的な面とに分けられ、その物的な側面は、因果的な事実の決定と自由な意思による決定とによって規定される。自由な意思による決定は事実の認識に基づく行為への意思決定であり、自由な意思決定によって行われた行為は、行為者のものとされる。ここで、行為者のものとされること、行為者の負担とされることがすなわち「帰属」であり、道徳的非難の根源となるという特徴をもつ。しかし帰属性それ自体はすべての価値（例えば責任非難とか功績）とは無関係である。行為の道徳的な側面の判断が加えられて、はじめて価値に関係する。すなわち、この行為について行為者は道徳的に責任ありとされる。この意味の帰責性の理論はドイツ普通法時代を支配し、刑法の領域にも取り入れられた。フォイエルバッハもこの帰責性の概念を刑法上用いたが、彼はいわゆる心理強制説を唱え、罪刑法定主義を強調するところから、刑法上の答責は裁判官の判断によってではなく、法律の規定によって決定されなければならない問題だと考えた。ここから帰属に関する問題は抽象的に取扱われ、構成要件の判断となる。これはもはや道徳的ではなく、法的な帰属の問題である。すなわち、「可罰的行為の刑法違反的意思決定に対する関係」である。

そのころから帰属の概念は、「物的帰属」と「道徳的帰属」とに分けて用いられたが、これを単に自由意思への帰属、責任への帰責に固定したのはヘーゲル学派であり、「責任への帰属」（Zurechnung zur Schuld）または「法的帰属」（imputatis juris）の観念が生じた。しかし、ヘーゲル自身は「責任への帰属」と「行為への帰属」（Zurechnung zur Tat）または「事実的帰属」（imputatio facti）とに分けて用いた。

（6） Honig, a. a. O., S. 181.
（7） Larenz, Hegels Zurechnungslehre und der Begriff der objektiven Zurechnung, 1927, S. 45 ff.
（8） Larenz, a. a. O., S. 67 ff.
（9） v. Buri, Über Causalität und deren Verantwortung, 1873, S. 1.
（10） v. Buri, a. a. O., S. 1 f.
（11） v. Buri a. a. O., S. 98.
（12） v. Buri a. a. O., S. 98 f. ハルドヴィヒがこれを認めている（W. Hardwig, Die Zurechnung, 1957, S. 72）。

二　行為概念と帰属

刑法上、因果関係の理論は行為論において取り上げられるのが通常であった。しかし、少数の学者が従来から主張しているように、因果関係論の実質は責任論であるのか(1)。また最近いわれてきたように、構成要件論であるのか(2)。問題はこの点にある。

因果関係が刑法で論ぜられる場合、それはいかなる事象間の原因、結果の関係を問題とするのか。行為者の意思と行為事実との間か、行為と法侵害との間か、或いは意思活動としての行為と外界における変化との間か。この問題が確定されない限り、因果関係の概念をどのように規定すべきかは答えられない。こうして因果関係の概念は、いかなる対象に向けられるかにより多様に形成されうる可能性を有し、また現実に多様な概念が形成されてきた。しかし、その間に、因果関係は行為と外界における変化との関係を見るものとする見解が一般的となった(3)。それはいわゆる自然的行為概念が認められるようになったことと関係があるのではなかろうか。自然的行為論は、意思に基因する人間の身体的表動が自然法則に従って外界に一定の変化を惹起した場合には、常に行為が存するものと考え、刑法上の行為はこれで十分だとした。しかし他方、犯罪論の体系構成の問題に関し、行為がその中心概念とされるや、刑法上の行為をこのような自然的観察によって規定することは、重要な障害を招く。なかでも不作為の取扱いである。不作為によってなされなかった何かが法の要求するものである場合には、不作為によっても犯罪が行われうることは否定できない。しかし、不作為は自然的な意味における行為のない場合であり、一定の結果に対して因果的関係に立つ意思表動がなされなかった点に、特色がある。従って、意思表動、外界の変化（結果）、およびこの両者の因果関係から構成される自然的行為概念は、これらの概念要素をもたない不作為を同一の行為概念に包摂することができない。そうすればこのような行為概念を犯罪論の基礎に置くことは適当でない。

一九〇四年、ラートブルフは行為概念の発展に関する歴史的な考察をなし、行為は犯罪体系の最上位の概念であるべきことを強調した。(4) そしてそのためには、行為概念は、後に違法・有責という価値判断が加えられるところの、それ自体は価値に関係のない自然的な行為概念でなければならないと考えた。このような行為は、通常の用語によれば、意思、行為事実、および両者の関係と理解される。(5) この際意思内容は責任と関係しており、行為概念にとっては重要でない。従って結果が意欲されていることは必要でなく、結果が意思により原因づけられておればよいと考えた。(6) これによれば故意・過失に統一的な行為概念は得られるであろう。しかし、彼は不作為をそのあるがままの姿において、"etwas nicht tun"と見たため、彼によれば作為と不作為とは積極と消極、a と non-a であり、矛盾せる対立物であって、共通の上位概念をもたないという結論にならざるをえなかった。(7)

自然的・因果的行為概念が、刑法上問題となりうるあらゆる現象を統括することができないとされた原因はどこにあるのか。

自然的・因果的行為概念が因果のドグマに支配されて主観面を軽視し、おぼろげなものにしてしまった点を指摘し、このような因果的に把握された行為概念を犯罪体系の中核とすることに反対した一人にレーニングがいる。彼は因果関係の代りに帰属関係を犯罪体系の構成の重要な拠点とした。(8) 彼の主張は決して当時大きな反響を呼んだわけではないが、ラートブルフの行為概念に関する著作の誘因をなしたものはまさにレーニングの主張であった。しかしこのことからも理解されるように、レーニングの帰属性は決して因果性に代る行為の概念要素ではなく、有責な行為に関するものであった。すなわち、結果を行為者の行為に帰属させる問題ではなく、違法な結果を行為者の責任に帰属させる問題として考えられている。それ故にこそ、帰属性（実は帰責性）を要素として構成された行為概念はすでに犯罪行為の概念と混同するものであるとして、ラートブルフから排撃されたのである。

それでは、このような責任帰属ではなく、外界の出来事を行為者の行為とする行為帰属をもって因果性に代えてみた場合はどうであろう。これについては、さきにラレンツの主張を紹介した際に述べたように、帰属性の概念を借りるまでもなく、因果関係をいわゆる相当因果関係説の立場に立って見るのと実質的には同じである。しかし、前にも書いたように、相当性はもはや二つの事象の原因・結果の関係を見るのではない。しかもこの学説は相当性の判断の基礎として主観的認識を要求している。もとより行為者の意思内容、意思方向は行為概念の要素であってはならないと主張するのではない。しかしこの要素を認めることによって、作為と不作為を統一する行為概念はえられるかも知れないが、主観面における対立物である故意行為と過失行為の統一の問題に突きあたる。わずかに客観的相当因果関係説と呼ばれるもののみは、客観的事情を判定の基礎にしているので、いまあげたような問題は生じないであろう。しかし、多くの条件のなかから一つを選択するということは、すでに刑法的意味と全く無関係には考えられないので、果して行為論で扱うに相当な問題かどうか疑わしい。

次に、自然的・因果的行為概念が因果関係を行為の概念的要素としている点を攻撃するのではないが、因果関係の存在を要素とすることによって、人間の行為をあたかも因果の流れのままに生成発展する自然現象と同じに見る点を非難するのが、目的的行為論であると思う。しかし、目的的行為論も、意思支配の及ぶ範囲の行為を行為者のしわざと考えるものであり、この意味では帰属性の理論と考えてよいであろう[9]。このような目的的行為論の立場が行為論の統一に成功していないことは、こと新しく論ずるまでもないであろう。目的的行為論者であるヴェルツェルが作為と不作為とはもはや「行為」（可罰行為ではなく）として統一できないと考えるのは、むしろ正当だといわねばならないであろう[10]。

（1）　M. E. Mayer, Der allgemeine Teil des deutschen Strafrechts, 2. Aufl. S. 140 ff. 瀧川幸辰、犯罪論序説二一八頁。

(2) 団藤重光、刑法綱要(総論)一二〇頁。
(3) Hardwig, a. a. O., S. 99 参照。
(4) Radbruch, Der Handlungsbegriff in seiner Bedeutung für das Strafrechtssystem, S. 131.
(5) Radbruch, a. a. O., S. 73.
(6) Radbruch, a. a. O., S. 128 ff.
(7) Radbruch, a. a. O., S. 131 ff.
(8) Loening, Die Zurechnungslehre des Aristoteles, Vorwort, S. 8 ff., Hardwig, a. a. O., S. 99.
(9) 平場教授が「ウェルツェルにおいても、そもそも関心事は帰属の範囲と就中その根拠にあったものと思われる」と述べておられるのは正当である(平場安治、刑法における行為概念の研究九頁)。
(10) Welzel, Das deutsche Strafrecht, 6. Aufl., S. 174 f.

三 構成要件と帰属

自然的・因果的行為論は、刑法の対象となりうるあらゆる人間の態度および状態(ここでそう呼んでおく)を行為として統一的に説明することに成功していないであろう。「意思に基づく身体の動静」という伝統的な概念規定は、少なくとも過失の不作為(忘却犯の場合)を行為として説明できないであろう。しかしこの行為論が行為の統一的な説明をなしえないという点で、他の行為論、例えば目的的行為論より劣っているということはできないと思う。そしてこの不成功は、因果関係の存在を行為概念の要素として要求している、という点にあるのではない。別の見方をすれば、自然的因果的行為論は、社会の諸現象をより包括的に行為論にはめ込むことができるという特色をもっている。それではこの行為論の欠点はどこにあるのか。それは主観的要素(認識および意思)の取扱いが、客観的要素に対し、あまりにあいまいだからである。もともと客観的・事実的に把握しようとする行為論であるから、客観的要素が重きをなしているのは当然であるが、ここで「有意性」、「意思の原因力」といわれるものは実質あってなきがごときものである。ときには行為性の認定に不用であるばかりか邪魔にさえなる場合があり（例えば忘却犯の場合）、ときにはそれでは不十分な場合がある（例えば行為の限界を区切る場合）。目的的行為論についても、問題はさきにあげたとおりである。

このような行為論の欠陥を除くための一つの試案として、次のようなことを考える。

犯罪論の基礎となる行為は犯罪行為となりうるあらゆる現象を包摂する意味において、かなり漠然としたものであってよい(1)。これは刑法体系の基本概念でありまた最高概念である「行為」の要求であろう。次に問題となる構成要件論において、「行為類型」なるものを認める。これは法的価値の結びつかない、しかし結びつきうる行為要素の客観的記述である。もちろん構成要件はこれに尽きないが、いまここで取り上げる問題との関係において述べる。構成要件はただ事実の記載であって、自ら対象に働きかけたり、対象を評価したりはしない。こうした構成要件に対して、一般には行為の構成要件該当性ということが問題になる。しかし行為類型たる構成要件について該当性を論じても、まだ違法性や有責性の判断には関係ない。そうした判断が問題となる前に、行為が行為類型たる構成要件を実現しているかどうかを決定するのがここでの問題である。構成要件の実現と、構成要件の該当とは単に言葉の相違であるだけではない。「実現」という場合には行為と行為者との結びつきがより要求されていることを示したいのである。それは単に構成要件の認識または認識可能性が併せて要求されているだけでなく、はじめに問題とした行為帰属の問題も併せてここで取り上げられる(2)。このことによって、類型的行為たりうるあらゆる人の態度を同じ分野において把握しようとするものである。この考えは稿を改めて展開するつもりである。

（1）　近ごろ学界の間にそうした傾向が見受けられるように思われる。例えば、「人格の主体的現実化」（団藤、刑法綱要（総論）六七頁）、「社会的事象」「人の人に対する関係」（平場、前掲八〇頁）、「人が人としてとる態度——即ち人間的関係（就中共同体）の内部に於いて何らかの意味をもち得る態度」（佐伯千仭、刑法総論一三〇頁）。

（2）　構成要件の存在を予定してのみ、故意に対する過失の場合の「予見可能性」「結果回避可能性」、作為に対する不作為の場合の「作為可能性」の要求が理由づけられる。

9　過失犯と不作為犯

一　はしがき
二　作為と不作為および故意行為と過失行為の上位概念をめぐる諸見解の紹介
三　作為と不作為に関する諸見解の分析・批判
四　故意行為と過失行為に関する諸見解の分析・批判
五　むすび

一　はしがき

過失は故意と並んで用いられる刑法上の概念であり、不作為は作為と並んで用いられる刑法上の概念である。一方は主観的・心理的なものに関係し、他方は客観的・外形的なものに関係するが、ともに、それぞれあることがらについて肯定と否定との関係にある。すなわち、故意の場合にはあることの認識があるのに対して過失の場合にはそれがなく、作為はあることへの積極的な動作がある場合をいうのに対して、不作為はそれのない場合である。肯定と否定との関係にあるこれら二組の両概念については、何よりも肯定と否定とを統一する上位概念が求められるかということが問題とされる。しかも二組の両概念に共通して考えられるのは、それらが行為の形態または性質に関するという点であろう。従って、作為・不作為および故意行為・過失行為を包含しうる行為概念を求めうるかが、過失犯と不作為犯とに関してさしあたって問題とされよう。ここでこの問題を扱おうと思う。この問題は、統一的な刑法の理論体系を組立てる上で大そう重要なものである。

二　作為と不作為および故意行為と過失行為の上位概念をめぐる諸見解の紹介

まず、作為と不作為とについては学説はどのようにみているであろうか。今日自然主義的な行為論と呼ばれているものは、行為を自然科学的な観察のもとに、人間の精神的・身体的活動と見る点に特色がある。例えば、行為は有意的態度による外界の変更（結果）である、というリストの説明によって表されるこの行為概念は、外界の変更の惹起としての作為とそれの不回避としての不作為とを含む、とされてきた[1]。しかしこの行為概念を構成するものは任意の意思活動、外界の変更（結果）および両者の間の客観的な関係（因果関係）であり[2]、厳密な意味においては、意思活動による外界の変更があったとはいえない不作為を、作為とともにこの行為概念のもとに統一することは困難である。このことを理論的に究明したのはラートブルフであった。彼は、不作為が意思・身体的挙動および両者の因果関係というメルクマールを作為とともにもたないばかりでなく、むしろそれらの否定に尽きていることを主張し、作為と不作為とは肯定と否定とであって、両者に統一的な上位概念はえられないとして、これを並置するという結論に達した[3]。これに対してメッガーは、ラートブルフの考えが行為を外界の事象として自然主義的に理解することから生ずる誤った結論であることを指摘して、価値関係的な概念（wertbezogener Begriff）としての行為を考えた。すなわち、作為は何かをすることであり、不作為とは何かをしないことであって、何もしないことではない。作為と不作為とは、ともにこの「何か」に関係しているのであり、従って、ここでは単純な肯定と否定とが問題なのではなく、一定の性質をもった肯定と否定であることが重要なのである。すなわち、あらゆる刑法上の不作為の背後には「期待された行為」（作為）が存し、それが重要なのである。彼はこのように考えて、ともに一定の評価された態度である作為と不作為とに、行為としての共通の上位概念を認めることが可能であるとする[4]。

通説的行為概念は、今日ではほとんど自然主義的な考察を離れて、行為を意思による身体的態度として理解する。この行為概念は有意性（Willkürlichkeit）と有体性（Körperlichkeit）とによって特色づけられるとするが[5]、その有体性には積極的な動作すなわち作為ばかりでなく、消極的な動作である不作為をも含ませて考えるのが一般である[6]。

以上の行為概念を盲目的・因果的行為論であるとしてこれを退け、行為を人間の目的活動の遂行として把握する目的的行為論の立場からつぎにその主張をみよう。

ヴェルツェルは、「作為と不作為とは存在論的構造においてはAと非Aとの関係にあり、不作為はまさにある行為をなさないのであるから、それ自体は行為ではない[7]」と述べる。彼の立場においては、目的活動の遂行とみられない不作為は、作為とともに「行為」として統一的に把握することはできないのである。アルミン・カウフマンも、不作為は目的的行為論の意味における活動ではないこと、[8] 有効な目的的操縦は不作為にとって本質的でもなければ可能でもないこと、[9] を説いている。行為としては統一しえない作為と不作為とは、しかしながら彼らによれば、「目的活動的な意思によって支配可能な人間の『態度』の二つの独立の種類である」[10]。すなわち作為と不作為とは、目的に従って意思を統制しうる能力、いいかえれば「目的的行動力」（finale Tatmacht）という両者に共通のメルクマールによって、人間の態度という概念に包摂されるのである[11]。不作為は決して純粋な否定概念ではなく、「限定概念」（Limitationsbegriff）であって、必然的に一定の行為に関係している。すなわち、行為者に可能な目的的行動力のもとにある行為の不作為であって、そこには「潜在的（可能な）目的性」（potentielle（mögliche）Finalität）がある[12]。目的的に行動しうる者が、その目的的行動力の範囲内にある可能な行為を行う場合が作為であり、行わない場合が不作為であることになる。福田教授もこの立場に賛成され、作為（行為）と行為の不作為とを人間の「行態」という上位概念で統一される[13]。

平場教授も不作為は行為の概念に含まれないとされる。平場教授によれば、「行為とは意識的に外界を形成し変更する意思のはたらき[14]」であって、自然の因果関係が意思により意識的に支配され、目的的に方向づけられてはじめて行為となる。これに対して、「因果関係に身体的物理的に干渉しなかった」場合（不作為）は不行為であって、そこには目的的な意思支配がない。この不行為は、因果関係が不行為者の支配圏内を流れた、すなわち、彼が支配可能であったにも拘らず支配しなかった場合にはじめて問題とされる[15]。そこで、作為と不作為とは統一的に論ずることはできず、従って犯罪論の概念要素を結合する最高のものは行為概念ではなくて、行為と不行為とを統合すべきものでなければならない。統合の第一の前提は主体であり、自己の目的に従って因果関係を利用・支配しうる能力であって、第二の前提は相手方である。すなわち、それの影響が相手方に及ぶ場合にのみ、行為あるいは不行為として問題にされる。このようにして、人の人に対する積極的干渉である行為とその消極的干渉である不行為とは、本質的に人と人との関係における出来事すなわち「社会的事象」としてのみ、統一的に規定されうることとなる。[16]

ヴェルツェル＝カウフマンおよび平場教授は、ともに、作為と不作為とを別の観点から統合しうるとしても、共通の行為の概念のもとに理解することはできないとする。これに対し、同じく目的的行為論の立場に立ちつつ、作為と不作為とを統一する行為概念の構成が可能であるとするのは、マウラッハおよび木村亀二博士である。

マウラッハは、まず行為を、その現象形態に拘らずあらゆる犯罪の共通の基礎であるとし、[17]刑法上の意味におけるこの行為を、彼は、操縦的意思によって支配され一定の結果に向けられた人の態度であると規定する。この概念規定の基礎にあるのは、彼にとっても目的的行為観に固有の生の行為概念であり、いわゆる存在論的な行為概念である。しかもこの行為にとっては、一定の環境変更的な積極的活動が唯一の本質的な要素なのではなく、ある作為の不企行に向けられた態度、すなわち、一定の作為をしないこともこの意味の行為とされなければならないとする。[18]

従って、行為は作為と不作為を含み、不作為は「行為」の否定ではなくて「作為」の否定である。木村博士は、目的的行為論において行為というのは「因果関係を支配・統制してあらかじめ認識せられた結果を実現しようとして目的意識的に外界に働きかけること」であって、その働きかけが積極的動作によると消極的動作によるとを問わないと解すべきであるから、作為・不作為も行為という統一概念のもとに理解される、と説かれる。[19]

つぎに、故意と過失とについては、従来の通説的見解は、これらを行為論において特に論ずることはせず、もっぱら責任の問題として扱った。その際、古い心理的責任論は、行為事実を認識している点に故意責任の本質があり、それを認識していないが注意義務をつくせば認識できたという点に過失責任の本質があると解した。しかし、心理的関係においてまさに対立物である故意と過失とに責任そのものをみるこの立場からは、両者に共通する責任の上位概念を構成することは不可能である。この点を反省して規範的責任論が生まれ、責任を、心理的には対立する故意と過失そのものと考えず、これら心理的事実と規範との関係においてとらえる。その結果、故意と過失とは、故意および過失の責任として、規範的関係において統一的に理解されうることになった。故意・過失そのものは心理的事実に過ぎないが、その存在は責任論においてより重要な意味をもつと考えられるため、行為論においては、さきにみたように、「有意的」行為とすること以上にはでていない。しかし、目的的行為論が故意・過失の重要性を責任論から行為論ないしは構成要件論に移すに及んで、規範的関係を離れて、故意の行為および過失の行為としての両者の上位概念の構成が可能であるかどうかが、改めて問題とされなければならなくなった。従来の通説は、行為が有意的であれば十分で、行為者の意思内容は行為の構成に必要ではないと考えるから、行為は故意の場合も過失の場合も含んでいるということに特別の疑問はもたれていない。

それでは、目的的行為論の立場から故意と過失とは概念的に統一することができるであろうか。これについても、作為と不作為との場合と同じように、統一を可能とする見解と不可能とする見解とがある。

まず、目的的行為論の立場から故意の行為と過失の行為とに共通する行為概念が得られるとするヴェルツェルの主張を見る。人の行為の目的的な構造について彼の述べるところはさきに引用したとおりであるが、彼によれば、行為のこの目的的構造が刑法規範の基礎となっており、法の命令・禁止は、盲目的な因果過程にではなく、将来を目的的に形成しうる行為にのみ向けられうる。これら法規範は命令・禁止の対象となる行為によって類別されるが、その第一は、目的的行為の実現意思が社会的に望ましくない状態あるいは出来事（＝「結果」）の実現に向けられた行為であり、第二は、目的的行為の実現意思がどこに向けられていたかは問題としないが、行為手段の選択および適用にあたって目的的な統制の最少限度、すなわち行為の意欲されない社会的に望ましくない附随的結果を避けるための「社会生活上必要な注意」を怠った場合である。第一の行為が故意作為犯であり、第二の行為が過失の作為犯であって、第一の場合には規範はその行為によって実現しようとしていることに関係するが、第二の場合は行為手段の選択および適用の仕方に関係するのである。[20] ヴェルツェルが今日このような見解に到達する過程には過失理論に少なからぬ訂正が行われたことは周知のとおりであり、目的的行為論が是認されるか否かは、まさに過失行為の理論づけいかんによるといっても過言ではないであろう。それはとにかく、今日の彼の見解によれば、故意の行為と過失の行為とは、規範がそれらの行為のいかなる点に関心をもつかについては相違があるが、ともに目的的行為であるという点では異ならない。すなわち、故意の行為は構成要件該当の結果に向けられた目的的行為であるが、過失の行為は構成要件的に重要でない結果に向けられた目的的行為である、ということになる。この見解はまた目的的行為論者の多くに見られるところであり、目的的行為論の基本的見解とも考えられよう。[21]

　これらに対し、平場教授は、故意と過失とは犯罪の事実的側面において本質的にその構造を異にし、故意行為のみが行為であって、過失行為は不行為であるとされる。すなわち、「自然の因果関係は人間の意思により意識的に支配され、目的的に方向づけられてはじめて人間の行為となる」のであって、意思がその構成原理をなすところに目的的行為の特質がある。[22] これに対して過失は因果関係に対する精神的不関与であり、自然的行為観からすれば一般の過失においては身体の動がありさらに認識ある過失においては結果の予見すらあるが、この場合の身体的動は自然的因果の流れと異なるところはなく、予見も外界支配の意味をもたない。従って過失は行為ではない。[23] このように述べられる。

（1）　v. Liszt, Lehrbuch des deutschen Strafrechts, 1922, S. 123 ff.
（2）　v. Liszt, a. a. O.
（3）　Radbruch, Der Handlungsbegriff in seiner Bedeutung für das Strafrechtssystem, 1904, S. 136–142.
（4）　Mezger, Lehrbuch, S. 101–102, Studienbuch I., 9. Aufl., S. 62.
（5）　Vgl. Maihofer, Der soziale Handlungsbegriff, Festschrift für E. Schmidt, 1961, S. 159.

(6) わが国ではこれを身体の「動および静」として表現されることが多い。例えば、小野清一郎・刑法講義（総論）九一頁、瀧川幸辰・刑法講話一五九頁。
(7) Welzel, Das Deutsche Strafrecht, 8. Aufl., 1963, S. 177.
(8) Vgl. Armin Kaufmann, Lebendiges und Todes in Bindings Normentheorie, 1954, S. 284.
(9) Vgl. Armin Kaufmann, Die Dogmatik der Unterlassungsdelikte, 1959, S. 67.
(10) Welzel, a. a. O.
(11) 福田平・目的的行為論と犯罪理論五四頁、同・刑法総論五五頁参照。
(12) Vgl. Welzel, a. a. O., Kaufmann, a. a. O., S. 27 f.
(13) 福田・刑法総論五四頁以下参照。
(14) 平場安治・刑法総論講義三四頁。
(15) 平場・前掲書三四―四四頁参照。
(16) 平場・刑法における行為概念の研究七八―八〇頁参照。
(17) Maurach, Deutsches Strafrecht, Allg. Teil, 1965, 3. Aufl., S. 131.
(18) Maurach, a. a. O., S. 490 f.
(19) 木村亀二「刑法総論入門」法学セミナー五九号一五、一六頁。
(20) Welzel, a. a. O., S. 32, Das neue Bild, S. 4 f.
(21) 例えば、マウラッハは、操縦する意思が構成要件的結果を先取りしている場合（故意行為）と正しい操縦がないために行為者から惹起された構成要件該当の結果以外のものに意思が向けられている場合（過失行為）を、同様に行為として考える（Maurach, a. a. O., S. 135）。福田教授も目的的行為論の基本的見解に同調され（福田・刑法総論五四頁）、木村博士は構成要件の内容たる行為についてこれに賛同される（木村・刑法総論一六七頁、同・前掲法学セミナー一八頁）。
(22) 平場・刑法総論講義三六頁。
(23) 平場・前掲書四三、四八頁。

三　作為と不作為に関する諸見解の分析・批判

以上の学説の紹介に基づいて、ここで作為と不作為との問題の検討に入ろう。刑法上問題とされる行為は刑法の対象となりうる行為でなければならない。その意味は、刑法の対象となりうるすべての行為を含むと同時に、刑法の対象となりえない行為は最初からこれを除外するということであり、また、行為はさまざまの法的評価を経て最後に犯罪行為が確立されるための基礎となる実体でなければならないということである。この考えは一般的には承認されていると思われるが、さて行為を学問的立場から概念的に規定しようとすると、見解の相違から対立する結論が生ずることとなる。一方の見解をとれば作為も不作為も行為であり、他方の見解に従えば不作為は行為ではないのである。

まず、行為は刑法理論上いかなる体系的地位を占めるかについての見解の相異がある。行為が犯罪の基礎であり実体であることには異論がないとして、それは犯罪成立要件の一要素であるか、あるいはそれらに先行する独立の存在であるか、犯罪概念のなかで（従って一つの法的概念として）とらえられるのか、あるいはその外にあって犯罪概念を支えているもの（従って法以前のもの）と見るのか、その意見の相違である。その当否はここでは措くとして、この意見の相異が、不作為を行為とみるか否かの対立の原因になっていると考えられる場合がある。さきの、作為と不作為とを行為として統一的に把握できないとするヴェルツェル＝カウフマンおよび平場教授の見解と、両者を行為概念に統一できるとするマウラッハおよび木村博士の見解との対立が、それであろう(1)。マウラッハは、行為を犯罪構成要件に先置された概念であり構成要件への適合に役立つ概念であるとしながら、しかもそれを前法的な概念と見ることを否定する。すなわち、法の一現象としての犯罪の礎石である行為はまた法的観点から観察されるべきであり、従って、目的意識的な積極的活動のみならず、目的意識的なEtwas-nicht-Tunもまた一定の条件のもとに法によって行為とされるが、これは法の要請によってもたらされた行為概念の拡張である(2)。このように述べて彼は存在論的な行為概念から出発しつつ、不作為の場合には、彼自身認めているごとく「行為構成それ自体にとって不十分な存在的要素はある評価の要素によって補充される(3)」と考え、結局、法的観点から作為と不作為とを統一しようとしているのである(4)。木村博士の場合には行為は構成要件の内容として説かれ、構成要件の内容たる行為の種類によって作為犯と不作為犯とが区別されるのである。博士は「不作為は一定の積極的動作たる作為、例えば人を殺すということ、を標準として、その作為を否定し、従って、人を殺さないというだけで、不作為の行為性を否定するものではない(5)」と述べられる。人を殺すという特定の行為を標準とすれば、じっとしているというような消極的活動と、散歩するというような積極的活動とは、人を殺さないという不作為として同視しうることになるのである。すなわち、ここでも不作為は法的観点から、構成要件の内容たる行為として、作為とともに統一的に理解されていると考えられる。これらに対して、ヴェルツェルらが不作為を行為と考えないのは、前述のところからわかるように、法的見地を離れ、犯罪構成要件の前に位置する行為をみているためである。

つぎに、行為を事実的に眺めるか、価値的に眺めるかについて見解の相異がある(6)。すなわち、現実に存在する姿において行為をとらえるか、あるいは何らかの意味によって行為であるか否かを判断するかのちがいである。さきのヴェルツェル＝カウフマンおよび平場教授の見解は、目的論的存在論の上に立って、行為を事実存在する姿においてとらえる。そこから、因果関係を支配する目的的な意思の遂行としての積極的動作（作為）のみが行為であり、目的的意思の遂行のない消極的態度（不作為）は、たとえそれが意思に基づくものであっても、行為ではないことになる。これに対してマウラッハの場合には、ある態度が何らかの意味によって行為と判断されている。すなわち、作為を行為と見ることに問題はないとして、不作為は存在的には欠けている要素を何らかの意味（価値的要素）で補うことによって、行為とみなされるのである。また木村博士の場合にも、特定の目的を達するという意味において、作為と不作為とは価値的に同一であり、従って不作為も行為であることになる。(7) いわゆる因果的行為論に立つ学者の見解についても同じことがいえよう。ラートブルフは行為を自然科学的に精神的・身体的な活動としてとらえるところから、行為に必要な意思、行動およびその間の因果関係の諸要素をもたない不作為は、行為ではないとせざるをえなかった。行為を意思による外界の変更と説くリストや、行為を純粋に物理的に身体的な挙動としてとらえるノワコウスキーの立場も、(8) 明らかに行為の自然的存在を事実的に規定しようとするのであって、不作為はこのような行為ではありえないはずである。これに対して、メツガーは因果的行為概念の自然科学的な観察を否定し、これを価値に関係するものとして規定することによって、不作為もまた一定の評価された人間の態度であるから行為であるとする。

行為がすべての犯罪の基本要素としての機能(9)をもつべきならば、それは、法的評価や犯罪構成要件との関係を離れて規定さるべきであろう。その意味では、不作為に法的評価の要素を付加したり、構成要件の内容としての行為をみたりすることによって、不作為を作為とともに行為とするマウラッハや木村博士の見解に対し、不作為は行為でないという、ヴェルツェルらの考えが正しいといわなければならない。また、行為が規範的評価の対象たる実体であるならば、事実的な存在の姿をとらえるべきである。この意味では、存在論的観察に徹したヴェルツェル＝カウフマンおよび平場教授の見解が、また自然主義的ではあるが、同じく存在論的観察に忠実だと考えられるラートブルフの見解が、正しいと思われる。

しかしこうしたことにとらわれ過ぎて、作為と不作為とに通ずる統一的行為概念を断念したり、目的的行動力または行為能力という行為以前の段階に統合の契機を求めることによって現実的基盤を離れた非限定的な上位概念を設けたり、(10) あるいは社会的事実または人の人に対する関係という漠然とした上位概念(11)を認めなければならないならば、果してどれだけの意味があるであろう。むしろ何らかの価値的評価を加えることによってでも、事実的・存在論的には厳格に行為といえない場合をも行為と認めることが、必要であり、また正しいのではなかろうか。そうだとすれば、この場合、いかなる評価判断が許されるであろうか。行為はそれに構成要件該当性・違法性・有責性という法的評価が加えられるべき実体だと考えるならば、これらの評価の規準をすでに行為にもち込むことはもちろん許されない。この意味において、メッガーの価値関係的行為概念は妥当でない。

大塚教授は、行為概念の価値論的な規定は方法論的誤謬を犯すものとして排斥し、存在論的な、しかも行為の存在構造にその主観面をも考慮する目的的行為概念に賛意を表明しておられる。しかし、目的的行為論は、不作為（不行為）をも含む人間の態度の上位概念について、なお満足できる説明を与えるものでないとして、社会的な存在論的目的行為概念を提唱される。[12]すなわち、社会における一般人の経験的認識に基づく存在の観念を根拠として、自然的・物理的存在でないものについても、その社会的意味を認識することによって、行為を認めうるとされる。不作為は、まさに、かような社会的に意味のある存在としての人間の態度であって、従って行為であることになる。この見解は、大塚教授自身述べられるように、行為概念に「刑法的価値判断」を含ませるものではなく、「前規範的な事実判断」をもち込むに過ぎない。しかし、これは明らかに意味による事実の判断であって、事実的な存在の説明ではない。乳呑児を放置して餓死させた母親の態度について、因果関係の支配による意思の目的的遂行が現に存したとはいえないからこそ、必要な意味の付加が行われるのである。むしろ、教授の意に反して、これをすなおに価値論的な行為概念の一つと考えたい。そのことによって、不徹底な存在論的行為概念であるという非難を免れうるとともに、作為と不作為との統一に関して、存在論的な行為概念の行きつくべき不満足な結論を避けうるのではなかろうか。そして、このような意味の付加によって行為概念を規定することは、作為と不作為との概念上の統一のために、必要なそして許された行為の評価であると考える。

（1） 荘子教授は、因果的行為論において、ラートブルフが不作為の行為性を否定し、メッガーが不作為をも行為としたこの対立が、行為をとらえる段階における両学者の意見の相異に基づくものと考えられている（荘子邦雄・「不作為犯」刑法講座二巻四三―五頁参照）。しかし両者の対立は、むしろつぎに述べる事実的観察と価値的観察との相違によるものと考える。メッガーも違法性の基礎としての構成要件を離れて、その前に行為を論じているからである。

（2） Maurach, a. a. O., S. 132.

（3） Maurach, a. a. O., S. 136.

（4） 福田・目的的行為論と犯罪理論五六頁註（10）参照。

（5） 木村亀二・刑法総論一六八頁。

（6） この相異はさきにあげた観点からの見解の相異と深い関係をもつ。

（7） 木村博士の場合は、行為を明らかに構成要件の内容としてとらえられることからくる帰結であろう。

（8） Nowakowski, Das österreichische Strafrecht in seinen Grundzügen, 1955, S. 44.

（9） Vgl. Maihofer, Der Handlungsbegriff im Verbrechenssystem, 1953, S. 6 ff.

（10） これに関して、ガラスは「行為の特徴は、意思による支配の可能性ではなく、意思による支配である」としている（Gallas, Zum gegenwartigen Stand der Lehre vom Verbrechen, S. 11. Anm. 33）。

（11） 団藤教授はこのような上位概念を「刑法的評価の対象としてはあまりにも無限定にすぎるであろう」と評される（団藤・刑法綱要（総論）七三頁註一一）。

（12） 大塚仁・「行為論」刑法講座二巻一五―一八頁参照。

四　故意行為と過失行為に関する諸見解の分析・批判

つぎに、故意行為と過失行為の問題に移る。目的的行為論の立場からは、大多数の学者が、双方ともに目的的行為として統一的に理解できるとされる。しかしここでこの立場が、過失行為を構成要件該当の結果以外の結果または法的に重要でない結果に向けられた目的的行為であると説くために、強い反対をうけている。例えば、過失の行為もまた目的的な行為であるということを確定しても、理論的な価値はない、という批判がある(1)。故意の場合には法的に重要な目的性があるが、過失の場合にはそれはない。ここにこそ故意行為と過失行為との決定的な相違が生ずるからである。同じように、法的に無意味な目的性を刑法における行為概念の本質的要素とみようとするなどは、すでに方法論において誤りを犯すものであろう、という評がある(2)。こうした非難に対して、ヴェルツェルはつぎのように反論している。反対者の結論は、過失犯においてはまさに結果が決定的な唯一の不法要素であるという前提に基づいているが、もしそうだとすれば、すべての行為は——適切な、「交通規則を厳守した」行為も——それによって構成要件的結果が引き起された場合には、違法とならざるをえない。過失犯の本質的な不法要素は、結果ではなく、行われた行為の遂行の仕方にある。すなわち、遂行の仕方が社会生活上必要な注意を守っていたかどうかが決定的な意味をもつのである(3)。また、目的的行為論においては、目標に向かって統制される行為の全過程を行為構造にくみ入れているのであって、過失犯の際には、その終局目標は通常法的に無意味であるが、全行為遂行は法的に無意味ではない(4)。以上のような反論にも拘らず、なおつぎにあげる主張に注目しなければならぬであろう。その一つは、大塚教授が「たしかに、過失行為が目的的行為と一体化して把握されるべきばあいもあるとおもう。たとえば、超スピードで自動車を運転中、誤って通行人を轢いて死亡させたというばあい……（中略）……しかし、このような思考を過失行為一般におしおよぼしうるわけではあるまい。たとえば、許された通常の速度で自動車を運転していた者が、誤って通行人を轢いて負傷させたばあいには、その人の負傷させたという過失行為の核心は、……（中略）……自動車を運転するという目的的行為じたいにあるのではなく、その行為に派生する、社会的意味においては、別個に捉えられるべき行為、たとえば、通行人の直前で右にハンドルを切ればよかったのに、うっかりして左に切ってしまったとか、あるいは、前方の注視を怠って通行人の存在を認識しなかったために、これを避けなかったとかいうような具体的な作為または不作為にあるのではなかろうか。社会の一般常識は、このようなあやまった一定の身体の動静じたいを率直に過失行為とみとめるのであって、それらの行為の前提としての自動車運転行為の全過程までを過失行為に含ませるわけではない。……（中略）……このような落度のある身体の動静としての過失行為は、むろん、それによる結果の実現を目ざして行なわれたものではないから、行為者の目的行為とみることはできないのである」とされ、過失行為の大部分が目的的行為ではない、と述べられるものである。[5]もう一つは、平場教授が「……（中略）……この意思の客観的目的的機能は意思が正しく予見し従って目的的に決定していた結果に限られる。従って予見した範囲においてのみ目的的行為は存する」と述べられ、[6]過失の特質は自然の危険な流れを無害な方向に転化しなかった点、すなわち意思が客観的機能を果さなかった点にあるから、行為ではないとされ、さらに「行為に附随する過失」というものを認められることである。[7]この二つの見解は、後に述べるように、過失行為を認めるか否かの結論においては異なっているが、思考過程において、過失の行為と目されるものを限定しようとする意図が窺われる点で共通すると考えられる。すなわち、認識しなかった結果あるいは認識はしたが予期しなかった結果の、直接の誘因となった作為・不作為のみを、過失行為の対象とされるようである。例えば、自動車を運転していて誤って人を傷つけた場合は、運転行為全体ではなく、そのうちの「落度のある部分」だけを過失行為とされる。[8]例えば、さきの引用文中の、ハンドルを左に切った作為、あるいは人を避けなかった不作為などがそれである。これは正しい見方であると思う。ただ、その際大塚教授は、これら限定された行為は目的的行為ではないが、その作為・不作為そのものについては意識があるのが通常であり、その点においてこれは「有意的」行為であるとされる。そしてこの点に故意の場合と共通する行為の主観的要素を認められる。[9]これに反して平場教授は、この場合には依然として結果への意識はなく、意識があったとしても、それが目的支配的な役割を果さなかったが故に目的的行為はなく、従って過失は行為ではないとされるのであろう。

人が行為をする場合には、同時に二つ以上の目標を目ざすこともあり、また本来的な目的のほかに随伴的な目的があることもあって、これらの全体を一つの目的的行為と呼ぶことができるであろう。しかし、目的的行為は、まさに実現意思によって特定された結果との関係においてのみ考えうるのであって、実現意思に多くの（同時的または附随的）結果が取り込まれている場合には、行為はそれぞれの結果との関係において、多くの意味をもちうる。ところで、刑法上の行為概念を規定する場合、目的的行為論の立場からは多くの行為意味をもった全体としての一つの目的的な行為が考えられているのであろうか、または、実現意思に含まれた多くの結果のうち、特定の結果との関係において意味をもつ部分的行為が考えられているのであろうか。私の考えでは、ヴェルツェルをはじめ多くの目的的行為論者は前者を想定し、いまあげた平場・大塚両教授は後者を考えておられるように思う。従って、過失行為を考えるときにも、ヴェルツェルらの場合は、不適切な行為遂行をも含んだ全体としての目的的行為が考えられ、平場・大塚両教授の場合は、過失によって惹起された結果の直接の誘因となった行為の部分が考えられようとしている。[10] 一方が過失行為も目的的行為であるとし、他方が過失行為は行為ではない、または目的的行為ではないとする見解の対立は、ここに起因するものといえないであろうか。[11] さきに述べたように目的的行為論は、実現意思に取り込まれた特定の結果との関係によってはじめてその行為が意味をもつとされるのであるから、実現意思に取り込まれなかった過失的結果との関係で問題となるはずの過失行為を、ともに目的的行為とすることは、「目的性」の意味に矛盾を生ぜしめる。このことは否定できないであろう。このような行為はやはり「有意的」に説明するほかないと思われる。[12]

（1）　Schönke-Schröder, Strafgesetzbuch, 11. Aufl., 1963, S. 17.

(2) 団藤・刑法綱要(総論)七二頁。
(3) Welzel, Das neue Bild, 4. Aufl., Vorrede. なお、同じく、福田・刑法総論五三、五四頁参照。
(4) Welzel, Das Deutsche Strafrecht, S. 38. 福田・目的的行為論と犯罪理論一〇六頁参照。
(5) 大塚「行為論」刑法講座二巻一八、一九頁。
(6) 平場・行為概念の研究七五頁。
(7) 平場・刑法総論四八、四九頁参照。
(8) 大塚・前掲論文一九頁。平場教授の場合はこのことが明確に書かれているわけではないが、全体の文意から推測することが許されよう。
(9) 大塚・前掲論文一九―二一頁参照。
(10) ヴェルツェルも、ニーゼの批判による過失行為概念の変更以前は、「潜在的目的性」なるものをもち出すことによって、実はこのような過失行為を考えていたのではなかろうか。
(11) 刑法体系のうえからこのことを考えると、ヴェルツェルらは、行為論において故意・過失を一応切り離した目的行為概念を考えており――この意味で、目的性と故意とは、密接な関係にはあるが、同じものではないと思う――、平場・大塚両教授は故意と過失とを念頭においた行為概念、すなわち、故意行為および過失行為の概念を考えられているといえないであろうか。
(12) 以上みてきたところから、過失犯の場合にもそれが行為であることを十分納得のいくように説明できないのは、行為の「目的性」に固執するからだと考えざるをえない。

五 むすび

作為と不作為とは行為の客観的な形態の相違である。作為は因果関係に干渉する場合である。これに対して、不作為はまさにこれに干渉しなかった場合であり、しかも、因果関係を支配しなかったが故に意味あるものとされる態度である。それはしかし、有意的な因果関係の消極的利用である、と説明することができるのではなかろうか。因果関係の消極的利用とは、因果関係を利用しないことではなく、因果関係に干渉しないことによってそれを利用することを意味する。因果関係に干渉しないことによって、それを利用するという意味が生きてくる場合が不作為である。この意味は前規範的なものであり、大塚教授のいわれる社会的意味と考えてもよい。作為はこれに対して有意的な因果関係の積極的利用である。

故意と過失とは、それ自体は行為ではない。しかし、故意の行為と過失の行為とがすでに行為の態様として考えられるべきであるならば、それはともに有意的に因果関係を利用する行為であるといえよう。ただしこの場合には、結果に対する意思関係を離れては論じえない。すなわち、故意の行為は結果への正しい認識に基づいて因果関係を有意的に利用する場合であり、これに対して、過失は結果の不知または正しくない認識に基づいて因果関係を有意的に利用する場合である。ともに有意的に因果関係を利用する行為であるが、故意の場合は、結果に導く因果関係を正しく認識していたことによって意味のある行為となり、過失の場合には、客観的には同じ因果関係の利用行為が、認識のないことまたは正しい認識のないことによって意味あるものとなる。因果関係を利用することによって達成される結果は、故意の場合は行為者の意思内容と一致しているが、過失の場合にはそれらが一致していない点に特色がある。

このようにして、行為論において作為と不作為とを統一する行為概念および故意行為と過失行為とを統一する行為概念がともに可能であると考える。しかし、双方の上位概念は、一方が客観的な対立物に関し他方が主観的な対立物に関する行為の上位概念である、というように単純に割り切れるものではない。作為と不作為とは、単に事実的・形式的な相違による区別と考えうるから、それらの上位概念は、行為論の領域で実質的に意味によって統一することが許される性質のものである。またそれのみが可能な統一である。これに反して、故意行為と過失行為との場合は、故意と過失とが単に形式的にのみ相違するものではなく、実質的に等置すること（同じ意味においてとらえること）が許されない性質のものであるから、行為論の領域におけるそれらの上位概念は、行為の意味や意思内容を除外してのみ統一することができる性質のものと考える。

10　過失犯における行為の危険性

一　問題の糸口
二　過失犯における結果無価値と行為無価値
三　過失犯の義務違反性と違法性
四　むすび

一　問題の糸口

過失犯の行為の違法性は何で決められるのか。不法な結果を引き起こしたことか。結果を発生させないように注意しなかったことか。結果を発生させる危険性のある行為をしたことか。一つの例をあげよう。ストーブの灯油が少なくなったので、これを補給しようとした婦人が、ストーブの火を消さずに、しかも灯油缶から直接ストーブの注入口へ灯油を注ぎ入れ、その際うっかり溢れさせてしまったために火がこれに燃え移り、燃え広がって火災になった。この婦人は失火罪に問われるであろう。ここで責任の問題は措くとして、彼女の行為はなぜ違法なのか。彼女の灯油を補給するという行為によって火災が生じたからか。ストーブの火を消し、適当な器具を使って溢れさせないように注意して灯油を注がなかったからか。火のついたままのストーブに灯油缶から直接注入して溢れさせるような危険なことをして火災を起こしたからか。

二　過失犯における結果無価値と行為無価値

行為の違法性については、結果無価値が問題か、行為無価値が問題かということが議論されている(1)。ヴェルツェルの目的的行為論とともに意識されるようになった議論であり、過失犯については、いわゆる新過失論(2)がさらにこの議論への関心を深めさせたといえるだろう。結果無価値論・行為無価値論と呼ばれるものが正確にいってどういうものであるかはまだ十分はっきりしないが、おおよそつぎのようにいうことができるであろう。違法の実質を法益の侵害または危険に求め、行為は、それが不法な結果を発生させまたは結果発生の危険を生じさせた場合に違法である、と考えるのが結果無価値論の立場であり、これに対して、行為自体の反規範性を重視し、行為は、それが社会倫理的秩序の枠を越えた場合、あるいは社会的相当性を逸脱した場合に違法であり、社会倫理的秩序の枠内にある行為、社会的に相当な行為あるいは落度のない行為は、たとえそれによって不法な結果を引き起こしても違法ではない、とするのが行為無価値論の立場である。

さきの例についてこれをみよう。まず、この婦人の灯油を補給するという行為によって火災が起きたのだから彼女の行為は違法であるというなら、それは行為の違法性において結果無価値をみている。なぜなら、彼女の行為が火災の原因であり、それによって法益（この場合は、社会生活の安全）を侵害する結果となったからである。つぎに、彼女はストーブの火も消さず、安全な注入器具を使うなどして溢れぬように十分注意することもせずに灯油を注入したから彼女の行為は違法であり、火災が生じた限り処罰に値するというなら、それは行為無価値をみている。なぜなら、燃えているストーブに灯油を補給するときは、火災にならぬよう、一旦火を消し、安全器具を使うなど適切な方法を用いて、灯油を溢れさせないよう注意して給油するのが社会生活上要求される行為であるのに、このような、結果を回避するために必要な（標準的）行為をしなかったので、彼女の行為は社会的相当性を逸しており、落度のある違法な行為であるとされるからである。それでは、最後に、彼女は火のついたままのストーブに灯油を缶から直接注入して溢れさせるという危険なやり方で灯油を補給して火災を起こしたのだから彼女の行為は違法である、という場合はどうか。行為の無価値をみているようでもあり、結果の無価値をみているようでもある。なるほど、この婦人のようなやり方が問題だとする点からいえば、行為無価値をみているといえなくはない。しかし、その場合、婦人の行為はそれ自体社会生活において是認できる行為ではないから違法だというとらえ方をすれば、それは行為無価値論の見地に立っているであろうが、彼女のようなやり方で給油するのは危険であり、この行為のもつ危険性が現実化して結果を発生させたのだから違法であるというふうにみれば、それは結果無価値をみていることになるであろう。なぜなら、結果無価値論が結果無価値に目を向けるとしても、侵害的結果の発生のみを問題として、古い因果的行為論のように、行為は単に侵害的結果に対して因果関係があるものでありさえすればよいというものではなく、このような古い因果的行為論のみが違法論において結果無価値の立場をとるものと決めてかかる必要もないだろうからである。(3) 結果の発生のみにとらわれず、行為そのものの価値をみている場合にも、それがいわゆる行為無価値論の見地に立つものではないとすれば、それは、行為の価値づけが行為無価値論とはちがっているのであろう。それでは、どのようにちがうのか。

婦人のこのような給油行為は、火災を起こし、社会生活の安全を脅かす実質的な危険性をもった行為であり、現実に火災が発生しているから違法である（結果無価値）とみる立場は、行為を客観的に眺めて評価し、これに対して、彼女の給油行為は注意深い人ならばやらなかったであろうような不適切なものであり、火災の発生を避けるために必要な注意を欠いた、落度のある行為であるから違法であるとみる立場は、主観的な見地から行為を評価しているのであろうか。そうではない。行為無価値をみるもののうちでも、いわゆる人的違法論を基礎とした行為無価値論は、行為者の意思方向や気持といったものをも行為の無価値決定にあずからしめるが、(4) 行為無価値論は行為の違法判断において主観的な要素をその対象に加えるとしても、そのことから、この違法判断は主観的であるということにはならないからである。(5) それでは、結果無価値論は、結果の無価値性（法益を侵害しまたは危険にしたこと）を問い、その限度で単なる原因としての行為の無価値をみ、これに対して、行為無価値論は、行為の無価値性を問い、その限度で処罰の限界づけとしての結果の無価値をみるのか。そのような結果無価値論や行為無価値論もないことはない。結果無価値論については、さきに述べたように、古い因果的行為論がそうであろうし、行為無価値論についていては、ドイツにおいてヴェルツェルやアルミン・カウフマン等にその例がみられるであろう。(6) しかし、現在のわが国では、結果無価値論と呼ばれるものも、行為をそれのもつ実質的な危険性から考慮に入れ、行為無価値論と呼ばれるものも、結果無価値を行為無価値と並列的に重要であるとしており、いわゆる行為無価値論はいわゆる結果無価値論に接近しているともいえる。(7)

しかし、ここで問題としている過失犯については、いわゆる結果無価値論といわゆる行為無価値論とのちがいはそれほどあいまいなものではない。それは、基本的には、行為の評価に注意義務違反の要素を持ち込むかどうかにある。ふたたびさきの例に戻ろう。この婦人は、ストーブの火も消さず、安全な注入器具を使うなどして溢れぬように注意することもせずに灯油を注入したから、彼女の行為は違法であるという場合は、実は、燃えているストーブに油を補給するときには、火災にならぬよう必要な注意を守ることが義務づけられているのに、この義務に違反して給油した点を問題としている。これに反し、彼女は、火のついたままのストーブに灯油を缶から直接注入して溢れさせるという危険なやり方で灯油を補給して火災を起こしたから、彼女の行為は違法であるという場合は、彼女に注意義務およびその違反があったかどうかは、行為の価値を問ううえでは、問題にされていない。

(1) 最近特にこの問題を取りあげたものとして、板倉宏・「違法性における行為無価値論と結果無価値論」論争刑法一九頁以下。内藤謙・「違法性における行為無価値論と結果無価値論――結果無価値論の立場から――」論争刑法三四頁以下、同・「戦後刑法学における行為無価値論と結果無価値論の展開(1)」刑法雑誌二一巻四号一頁以下。私もかつてこれに関連したものを書いたことがある(「客観的違法と行為の無価値性――人的違法論に関連して――」法学論叢六八巻四号一頁以下)。

(2) 藤木英雄編著・過失犯――新旧過失論争――参照。

(3) 平野教授は、「過失は行為無価値を処罰するものであろうか。そうではあるまい。やはり違法に結果を発生させたこと、その結果無価値を処罰するものであろう」としながら、「ただ、過失行為は、単に結果に対して因果関係があるというだけの行為ではなく、結果発生の『実質的で許されない危険』を持った行為」であると述べられる(平野龍一・刑法総論Ⅰ一九二頁)。

(4) ヴェルツェルによれば、行為者がいかなる目標設定を目的活動的にその客観的行為に与えたか、いかなる気持からその行為を行ったか、いかなる義務が行為者にあったか、これらすべてが行為の不法の決定にあずかるのであって、違法性とは、常に一定の行為者に関係づけられた行為の非認である（Welzel, Das Deutsche Strafrecht, 11. Aufl., S. 62）。

（5） 福田平・新版刑法総論一〇五頁参照。

（6） Welzel, a. a. O.; A. Kaufmann, Zum Stande der Lehre vom personalen Unrecht, Welzel-Festschrift, 1974, S. 411.

（7） 内藤・前掲論争刑法三六頁。

三　過失犯の義務違反性と違法性

行為無価値論によって過失犯の違法行為の特色とされる注意義務が、意識の集中・緊張という主観的・内心的義務に対する「客観的・外部的義務」（エンギッシュ）であれ、結果予見義務に対する「結果回避義務」（井上正治博士）であれ、何故に過失行為が違法であるためにはこのような注意義務が要求されるのであろうか。果して過失犯は義務違反罪（Pflichtdelikte）なのか[8]。過失の中核をなす注意義務違反は、もはや単に過失責任に特有のものではなく、過失行為を、そして、過失の違法行為を特色づけるものだとする考え方は、目的的行為論およびいわゆる新過失論によって取り入れられてきた[9]。それは、法益を侵害しまたは危険にするという結果を生じさせたことで直ちに行為が違法となるのではなく、社会的に相当でない法益の侵害・危険が違法なのであり、行為が社会的に相当なもの、または落度のないものであれば、たとえ結果が生じても違法とはいえないからである。かように説明される[10]。ここでは、注意義務違反こそが、行為が社会的に不相当であり、または落度があることのあかしとなるものなのであろう。たしかに、行為は、それから因果的に法益の侵害・危険の結果が発生しただけで違法と判断されると考えるのは単純すぎる。しかし、結果を発生させても行為が違法でないために、なぜ注意義務を持ち出さなければならないのか。行為それ自体のもつ結果発生の危険性を問うことではなぜいけないのか。私は、法は法益を侵害しまたはこれを危険に（脅威）することを禁じているのであって、義務に違反することを禁じているのではないと考える。もっとも、これで問題が片付くとは思わない。だが、このあたりに根本的な認識の違いがあるのではなかろうか。

もちろん、法はわれわれに特定の行為を行わないこと（不作為）または特定の行為を行うこと（作為）を義務づけている。これは、法が法益を侵害しまたは危険にすることを違法とすることから必然的にでてくる要請である。例えば、法が、人を殺す行為は違法だというとき、法の性質上、当然、そこには人を殺す行為をしない義務（不作為義務）が成立している。また、特定の人が他人を見殺しにすることは違法だとするとき、そこには他人の死を回避する義務（作為義務）が成立している。この結果回避義務は不作為による結果惹起の場合の法による作為義務であり、そうでなければ作為義務の変形であるに過ぎない。このような法による義務づけは過失犯に特有のものではない。その意味では、過失犯は、故意犯と同じく、義務犯であるともいえるし、義務犯でないともいえる。過失犯は義務犯であるといわれるとき、してはならない行為をしたか、という問題から、何がなされねばならなかったか、なされたことは避けられるべきであったか、という問題にすりかえられているのではなかろうか。二つの問題は別個である。してはならないことをしないために必要な注意をすることで、すべきでない義務がなくなるわけではあるまい。違法性において取りあげられている注意義務とは、実は、許されない行為をしないように注意する義務というだけの意味ではないのか。

ノワコウスキーは、すでに一九五八年に、過失は客観的な注意を怠ることにではなく、許されない危険を行うことに関するものと考えるべきだと述べている(11)。行為がそれ自体許されない危険であるかどうかの判断は、行為が注意義務に従った落度のないものかどうか、社会的に相当なものかどうかの判断よりも、客観的に明確に下すことができるであろう。さきの例でみれば、燃えているストーブにそのまま灯油缶から直接給油することは明らかにそれ自体危険であり、この婦人はこの危険な行為をして結果を引き起こしたのであるから、その行為は違法であるというのが正しいと思う。火を消して給油する必要があったとすれば、それは、火を消して給油することがこの際義務づけられていたからと考えるのではなく、火を消して給油すれば、それはもはや危険でない行為となるからである。すなわち、行為の違法性については、給油の際に結果を生じさせない配慮をすべきだということが問題なのではなく、安全な給油行為はしてもよいが、危険な給油行為は許されないということが問題である。

ここで、行為が危険であるというのは、一般人がみて、その状況のもとでその行為をすれば結果が現実に発生する可能性があると予測されるということである[12]。ストーブに給油するという行為は一般的には危険でない、ということはこの際なんの意味もない。過失犯は故意犯とちがって義務違反罪だといわれる場合、論者は、附随的に望ましくない結果を生じさせるところの、本来的な行為を優先的にみている[13]。すなわち、ストーブに給油することは禁じられていないからやってもよい。しかし、その際望ましくない結果（火災）が発生することは避けねばならない、というふうに考える。このように、本来的な行為は許されているという前提を認めるから、結果回避義務を問題にすることになる。しかし、この前提は正しいだろうか。本来的な行為を行うことと望ましくない結果を発生させることとは、観念的には分けられても、現実には刑法上意味ある一つの行為としてとらえられねばならない。すなわち、法益侵害の結果を発生させる危険のある給油行為があるだけである。燃えているストーブにそのまま缶から直接灯油を注ぎ込むというやり方でなされたこの婦人の給油行為は火災を起こす危険があり、このような危険性のある給油行為のみが、いまわれわれの眼の前にあるのである。

（8）例えば、Roxin, Täterschaft und Tatherrschaft, 1963, S. 527 f.
（9）藤木・刑法講義総論二三四、二三五頁。
（10）福田・前掲書一〇三頁。藤木・前掲書二三八頁。
（11）Nowakowski, JZ 1958, S. 337.

(12) 平野教授が、「過失行為のもつ危険性は、結果の客観的予見可能性といってもよい」(平野・前掲書一九四頁)とされるのも同じ趣旨だと思う。これに対し、板倉教授が、これは結果予見義務違反を軸に過失をとらえているものであり、結果予見義務という行為者の主観的要素を中心に過失をとらえることは、過失の違法性の主観的色彩を濃厚にし、危険ではあるまいかと批判しておられるのは(板倉・前掲書二九、三〇頁)、あたらないと思う。

(13) E. Schmidhäuser, "Fahrlässige Straftat ohne Sorgfaltspflichtverletzung," Festschrift für F. Schaffstein, 1975, S. 135.

四　むすび

いわゆる結果無価値論は、前にも述べたように、結果発生(法益の侵害または危険)と関連づけて行為の違法性を判断するのであり、結果を発生させることのない行為または結果を発生させる危険性のない行為を、それが犯罪目的、犯罪意思をもって行われているからといって、違法とするものではない。しかし、行為自体もまた、単に無価値な結果の原因であるということからではなく、その態様において別個の法益侵害に還元されるものであり、また結果無価値を引き起こす危険をもつものであるという意味において(佐伯教授は、これを「先取りされた結果反価値」と表現される)[14]その無価値性が問題とされる。

ところで、違法論において結果無価値をみるこのような立場は、結果発生の危険性においてとらえた行為無価値をも含めた結果無価値によって行為の違法性を認めるので、結果発生の危険性のある行為によって結果を発生させた以上、いわゆる結果回避義務をつくしたというだけで、行為の違法性を阻却するものではない。

しかし、結果無価値をみる立場からも、結果を発生させた危険な行為が特別の場合に許されることは認めねばなるまい。ただ、これについてはここで詳しく検討する余裕がないので、ごく簡単にふれるにとどめるが、いわゆる許された危険の場合がこれを代表する一つである。これを裏返せば、違法とされるのは、実は、許されない危険行為ということになる。

例えば、二つの法益が対立しており、一方の法益を救う行為が他方の法益を侵害する危険性をもっている場合に、この行為を行うことが許されるか、という形ででてくる。これに対しては、法益の侵害・危険に違法の実質を求めようとする立場からは、侵害される法益と救われる法益との軽重の比較、および、侵害される危険性と救われる可能性との較量を考え合わせなければならない。侵害される法益がより軽く、そして侵害される危険性がより少ない場合は、より重い法益を、救助の可能性のより多い行為によって、より軽い法益を侵害する危険行為が許される。このことは、いわゆる利益衝突または義務衝突の場合に、一方の利益を救いまた義務を履行するために他方の利益または義務を侵害することがいつ許されるかという問題に準じて考えられるであろう。ただ、問題は、許された危険の場合は、その行為によって一方の利益が侵害されるかどうかは確実ではなく、単なる侵害の危険性が予測されるにとどまり、また他方の利益が救われるかどうかも、単なる可能性の予測しかない場合を考えなければならないので、双方の利益の比較と双方の救助・侵害の可能性の程度の比較とだけでは処理しきれない場合があるのではないか、この場合にも、結果無価値論の（あるいは同様に、行為無価値論の）基本的立場を貫くことによって妥当な解決が得られるか、なお疑問を残しておく。

(14)　佐伯千仭・刑法講義（総論）一七五頁。

11

未遂犯における既遂故意と主観的違法要素

一　本論文の意図
二　既遂故意と主観的違法要素をめぐる対立
三　目的犯との対比における既遂故意

一　本論文の意図

かねてより、私は、未遂の処罰を考えるうえで、未遂犯における既遂故意を主観的違法要素として既遂犯における故意と異なった扱いをすることに疑問をもっていたが、未遂犯の故意を含む主観的違法要素一般の問題として、法益侵害を実質とする客観的違法論の堅持のために再度これを見直そうとする動きがあるのに力を得て、本論文では同じ立場からこの疑問の解明を試みたいと思う(1)。

1　主観的違法要素に対する疑問

違法は客観的であるべきだとする基本的見地を保持しながら、なお、主観的な違法要素の存在を認めることができるか。いわゆる主観的違法要素の存在を肯定するだけでなく、さらに、故意もまた主観的違法要素だとすることは、客観的違法論の主観的違法論への移行の必然性を黙認することになりはしないか。

そもそも、この問題は、行為の客観的な適法性または違法性が行為者の主観によりその性質を変ずることはないとしながらも、この原則にも例外がありうることを認めるところからはじまったといえよう(2)。客観的違法と主観的違法との間には動かし難い境界線があるのか。少々動かしても客観的違法の本質的部分に影響がなければよいのか。後者だとして、どんなものなら本質的部分に影響がないといえるか。例外であればよいのか。例外はどこまで広げることが許されるか。おそらくこのような問題意識をもちながらも、主観的違法要素の問題は、もう何十年も前から、多くの学者によって研究されてきた。そして、客観的違法論をとるとしても主観的な違法要素の存在を認めうるしまた認めねばならないとすることが、漸次是認されてきた。しかし、主観的違法要素の理論の発展は、この例外が拠っている客観的違法論そのものまたはその実質の変容すらもたらしかねない。それでも依然「客観的違法であると主張しさえすれば、それは、すべての人に対して法がどのような行為を許容しどのような行為を許容しないのか（どのような責任を問うかではなく）を、危うげなく公正に判断できる見地だといってよいのであろうか。

2　未遂犯における故意の問題性

未遂犯における既遂故意の問題は、これを再検討する一つの重要な手がかりである。未遂犯の故意は、後述のように、目的犯における目的と類似した性質・構造から、主観的違法要素とされるのが一般であるが、未遂犯は、目的犯、同様に、表現犯および傾向犯などと呼ばれる特別の犯罪形態とは異なり、理論的にはすべての犯罪について観念しうるから、その意味で一般的な犯罪形態である。また、故意は、未遂と既遂とを問わず、これもすべての（故意の）犯罪に共通する要素である。重要な手がかりといったのは、これらの点から、客観的違法論が主観的違法要素を例外的なものとすることによって主観的違法論を隔てたはずの壁は、未遂犯の既遂故意＝主観的違法要素によって、崩壊の糸口となる危険を蔵していると思われるからである[3]。

故意は事実の認識・意欲である。すなわち、自己の行為が犯罪的結果を生ぜしめることあるいは生ぜしめる危険のあることを認識・意欲する心理状態である。このような故意は、本来既遂犯と未遂犯とにおいて違いはないはずである。ただ、未遂犯では、行為が未了であるか、行為が終了していても結果が発生していないから、犯罪完了の意思または結果発生についての認識は、対応する客観的事実を欠き、その意味で「超過的」意思である。そこで未遂犯における既遂故意は主観的違法要素だとされ、主観的違法要素が問題となる犯罪について論ぜられる場合には、そこに未遂犯が登場してくるのがつねである。

もっとも、行為を主観＝客観の全体構造をもつものとしてとらえ、違法性は単に法益侵害＝結果の無価値ではなく、主観的考慮による行為の無価値をも問うべきだとする違法観、いわゆる人的違法観からは、故意は過失とともにすべての犯罪について違法要素であるから、未遂犯に限らず既遂犯においても故意は主観的違法要素である。福田教授のとられるこの立場は故意を統一的に扱う点では筋が通っている(4)。しかし、これについては違法観をめぐる別個の根本的な問題があり、その検討なしに是非を論ずることはできない。ただ、ここではこれを検討する余裕がないので、次のことだけを確認するにとどめる。

人間の行為は意思による外部的態度であることから、行為に意思が関係しているのは事実であり、このことをもって、行為は主観客観の両面によって構成されているというならば、それはそのとおりである。しかし、犯罪として処罰されるのは主観的意思ではなく（「思想は罰されない」）、主観的意思が実現された客観的行為である。意思は、行為に現れてはじめて、また、行為に現れた限度で可罰的な評価の対象となるに過ぎない。もちろん、責任のない行為を罰するものではないから、客観的行為が許されないとされるとき、その行為は意思の裏付けがあることを要件として処罰の対象（犯罪）となる。犯罪行為に対して意思がもつ意味はこのようなものであるべきだと思う。ときには、行為がどのようなものであるかを知るために意思が問われることがあるが、それは、意思が行為の意味や性質を明らかにするための一つの手段（証拠）とされるに過ぎないのであって、意思によって犯罪行為の性質・内容を決めるのではない。

現在のわが国の状況は少なくともこの行為無価値論・人的違法観への傾倒がそれほど進行しているとはいえず、したがって、故意一般を違法要素とすることへの抵抗がなくなってきているともいえない。ただ、未遂犯については、既遂犯と異なり、故意が違法要素であることを認めざるをえないとするところに止まっているのが一般であるといえよう。しかし、行為無価値・人的違法への傾斜を食い止め、結果無価値・法益侵害を違法の実質とする客観的違法論に踏み止まるべきだとすれば、故意の問題についても、当然、故意一般を違法要素とすることを否定するのはもちろん、未遂犯の場合に既遂故意を違法要素とするという特例についても反省を迫らなければならない。

（1）主観的違法要素については、すでにこれに関するドイツの諸見解および諸議論を紹介し、批判・検討した佐伯博士の貴重な業績（佐伯千仭・刑法における違法性の理論〔一九七四年〕所収の諸論文、特に、「主観的違法要素」〔一九三七年〕）があることは周知のとおりである。本論文では、それを土台にして、比較的最近交わされている諸議論を目下の考察の対象とするものである。

（2）Beling, Die Lehre vom Verbrechen, 1906, S. 139ff. 彼は終始客観的違法論の立場にあり、後には見解の変更がみられるが、ここでは「行為の適法違法が行為者の追求する目的に依存するように作られた法的許容および規範もありうることを否定してはならぬ」と述べる。

（3）中教授もこの点に触れられている。中義勝・刑法上の諸問題〔一九九一年〕四七頁。

（4）福田平・全訂刑法総論〔一九八四年〕八二頁。もっとも、同じく主観的違法要素であっても、既遂の場合と未遂の場合とでは、故意の意味づけが異なるのかは必ずしも明らかではない。

二　既遂故意と主観的違法要素をめぐる対立

1　肯定説の理由づけ

未遂犯における既遂故意が主観的違法要素とみられるのは次のような理由による。

(1)　形式的見地　　未遂犯においては既遂故意、すなわち「犯罪を完了しようとする決意」（メッガー）は、犯罪が未完に終っているため、外部的・客観的にそれに対応するもののない主観的・内心的要素であり、したがって「超過的内心傾向」（ヘーグラー）、「危険惹起の範囲を越えた目的」（メッガー）である、とされる。伝統的な客観的違法論の立場が支配的となっていたそのなかで主観的違法要素の存在とその意義が認識されこれをめぐる議論がはじまった当時のドイツにおいて、すでに、未遂犯は「内心的傾向の超過している犯罪」に属するものとされたが、なかでも、それは目的犯の一つであって、これが違法であるためには、単なる客観的な危険惹起（自覚的な危険惹起であっても）では不十分で、その範囲を越えた目的が必要であり、犯罪を完了しようとする決意がそれであると考えられた(1)。今日わが国において、主観的違法要素を可能な限り制限しようとする立場からも、目的犯との比較において、少なくとも未遂犯の一部に主観的違法要素を認めなければならないとされ(2)、また、結果が発生した場合の故意にあたる「人を殺す意思」は、未遂の場合は主観的超過要素であり、主観的違法要素であるとされるのも(3)、同じである。

(2)　実質的見地　行為の違法性、すなわち、法益侵害性およびその危険性は客観的な見地からの判断であるが、主観的な要素がこの行為の客観的な法益侵害性、危険性に影響を及ぼす場合には、それは主観的違法要素であり、未遂犯においては既遂故意が、行為の危険を確定しあるいは高める働きをするので、主観的違法要素である(4)、とされる。例えば、故意による行為の方が結果発生の確実度が高いから法益侵害の危険性が高く、したがってまた違法性がより強いとし、また、「殺人の故意があれば行為者の身体はその目的の達成に適するように規整されるであろう(5)」とされる。

(3)　実際上の必要性　これは、(2)と関連して、行為者の意思を離れてはその行為の法的意味を考えることはできず、適法行為の実行か違法行為の実行か、また、いかなる犯罪の実行に着手したのかを確定できないとすることから求められる。例えば、主人の机の引出しに手をかけたところを発見された店員は、もし彼がそのなかにある彼自身の預けた財布を出そうとしたのであれば、適法な行為をしているが、主人の財布を盗ろうとしていたのだとすれば、それは窃盗の実行の着手として違法である。また、甲が発射した弾丸が乙と乙が連れている犬との間を通過した場合、甲の行為は、彼が乙を射殺するつもりだったなら殺人未遂であるが、単に犬を狙ったのだとすれば毀棄の未遂（不可罰）ということになるという(6)。

2　否定説の理由づけ

前述の諸理由をもって未遂犯の故意が主観的違法要素であるとする立場に対し、これを否定する見解は次のように反論する。

肯定説の(1)にあげた、未遂犯の既遂故意はそれに対応する外部的・客観的なものがないから主観的超過的要素であるという理由に対しては、そのこと自体の反論は見当たらないが、この超過的な認識を故意の要素とすることに対する疑問から出た次のような思考の展開に、一つの反論の意を汲みとることができる。すなわち、客観的危険の認識と結果の意欲とはレベルが異なるのであって、違法性が客観的危険で足りるとすれば責任は危険の認識で足りるというのが筋である。[7] そして、この立場は、危険の認識（故意）を超過した「結果の意欲」の存在は認めるのであるが、これについては、未遂犯の危険を「結果」発生の具体的で切迫した危険に限定し、その認識（故意）も「結果」発生の具体的危険の認識に限定することによって、事実上これに見合う危険の認識を要求し、それが故意に包含されるものとする。[8] また、他の見解では、この超過的要素を故意とは別個の責任要素とするのが妥当であるとする。[9]

肯定説の(2)にあげた、未遂犯の既遂故意は行為の危険性を確定しあるいは高める働きをするという理由に対しては、次のような反論がある。まず、主観面が未遂犯の客観面としての行為の危険性を高めることは認められない。「思っただけで未遂処罰は認められない」のであって、故意は未遂犯における違法要素としての客観的危険性を基礎づけえないと解すべきである。例えば、XがAの方向に向けてピストルを構えているとき、Xが殺意をもって引き金を引こうとしている場合と、威嚇射撃をしようとする暴行の故意で引き金を引こうとしている場合とで、死の結果発生の危険性に差があるのであろうか、そして、引き金が引かれて五〇センチメートル離れたところに着弾した場合、両者の故意の差により死の危険性に差を生ぜしめるのであろうか、やはり死の確率は原則として客観的に決定されている、とする。[10] さらに、次の意見は説得的である。すなわち、さきにあげた肯定論者の、故意があれば行為者の身体はその目的の達成に適するように規整されるであろうという見解に注目して、「そこには、客観を指導し規整する主観の役割が、構造論的な仕方で指摘されている」とし、未遂犯の故意にはかなり主導的な目的的機能が付与されているように思われる点で、「それが法益侵害を中核とする物的違法観と安定した認定論に水をさしはしないか」と疑問を呈示する。[11]

肯定説の(3)の、未遂犯では行為者の意思を離れてはその行為の法的意味を考えることができない、という理由づけについては次のような反論があげられる。まず、目的犯である偽造罪との関係で、もし客観的な行為の態様で区別できないとするなら、どうして主観的な目的の存在を立証することができるのかと問い、目的や故意による主観的な個別化も、結局はそれを推測し立証するに足る客観的事情による個別化を前提とせざるをえないように思われるという。そのうえで、未遂犯について、さきにあげた、発射した弾丸が人とその連れ犬との間を通過したという例に関連して、このような場合でも、行為者がどちらを狙ったのか自白しなければ、その故意はやはり客観的事情から認定するほかないのであって、ここでも故意を推知させるような客観的な危険の存在こそが違法を決するモメントだとする。[12] また、例えば、相手に向かってピストル（銃砲）を発射しただけでは（故意を考慮に入れなければ）殺人未遂か（生命に危険があるのか）、加重傷害未遂か（身体に危険があるのか）を判別できない[13]とする肯定論者の主張を取りあげ、ほとんどすべての場合は、ピストルの向けられた個所（胸か足かなど）、相手との距離などの客観的事実によって判別しうるであろうが、どうしても客観的に判別しえない場合には、軽いほうの、加重傷害未遂の違法（構成要件）にあたると解すべきであって、殺人の主観的な故意があるからという理由で、生命に対する客観的危険があるとすることは妥当でない、とする。[14]

3　批判と私見

未遂犯における主観的違法要素の肯定論と否定論の対立は、右にあげた諸点によく現れている。私は、基本的には、否定論に与するものであるが、異論もあるので次に述べてみたい。

まず、主観的犯罪要素として要求される意思が客観的行為を超え、したがって、客観的に対応するものがないときには、違法要素であるということについて考える。ここで重要なことは、この超過的主観的意思によって客観的であるべき行為の違法性を判断することを避けるべきだということである。たしかに、この超過部分を考慮に入れるか入れないかによって、行為の性質は異なってくるであろう。それによって、また行為の危険性（違法性）にも影響があるとすれば（前記理由(2)）、また、行為の適法・違法が決まるとすれば（同理由(3)）、これを違法要素としなければならない。しかし、この超過部分は主観的なものでしかありえないのか。これを客観的なものに置き換えて、欠落している客観的超過部分を補うことはできないか（後に述べる主観的違法要素の内容の「客観化」）。これができれば超過的主観的意思ないし内心傾向は特別の主観的要素と考える必要はなく、故意として考えればよいことになる。未遂犯の故意を危険の認識とし、超過的意思である既遂故意を特殊の責任要素としてみても、責任要素でありさえすれば違法行為を超えた反倫理的心情を犯罪構成の要素としてよいわけではあるまい[15]。

さらに未遂犯についてこれをみてみよう。未遂犯は危険犯ではあるが、単なる危険の惹起に向けられ、危険の惹起を結果としてもたらすべき行為ではなく、行為の法的意味を考えれば、侵害的結果に向けられ、障害がなければ通常は侵害的結果に結びつくはずの行為である。障害があること、障害が起こることを予見しえたならば、侵害的結果発生のための手段としてそのような行為を行う者はいない。本来的な危険犯ではなく本来的には侵害犯である行為が結果として危険発生にとどまったに過ぎない。侵害意思の実現が未完成に終ったと表現してもよいであろう。本来的に侵害行為であるとすれば主観的には危険の認識で足りるとはいえないであろう。もちろん、処罰は生じた危険結果について行われるから、処罰行為の違法性が客観的危険で足りるとすれば責任は危険の認識で足りるというのは筋であろう。しかし、右の「犯罪の実行に着手してこれが遂げられなかった」という未遂犯の意義からみれば、法益を侵害すべき行為、例えば、障害なく進展すれば通常は死の結果を惹起する行為を、死の結果惹起を認識または意欲して行われた場合にはじめて、結果が生ぜず危険の発生にとどまっても罰するのである。しかも、「殺人罪」の未遂として罰するというのであるから、単純に、惹起されたのは危険であるから主観的には危険の認識で足りるとすることでよいと考えるのは問題である。[16]だからこそ、結果無価値を重視する反対論の立場でも、事実上結果の意欲に見合うような、結果発生の具体的危険の認識を要求し、または結果の意欲を特殊の責任要素として要求するのである。もう一度基本点に戻る。問題は、未完成に終った行為が侵害的性質の行為による危険惹起（違法行為）であったかどうかを、行為者が侵害的認識（結果発生の意欲）をもっていたかどうかによって決めてよいか、決めざるをえないか、ということである。これは否定すべきであり、否定できると考える。もちろん、未遂犯の成立にはさきに述べた未遂犯の意義からみて結果発生についての主観的認識が必要であるが、それは主観的違法要素ではなく、故意であると考える。これについてはさらに後に述べる。

次に、未遂犯の既遂故意は行為の危険性を確定しあるいは高める働きをするかという点について考えてみる。例えば、ピストルを構えて引き金を引こうとしている場合、また、引き金が引かれて五〇センチメートル離れたところに着弾した場合に、行為者が殺意をもっていたかどうかで死の結果発生の危険性に差があるか。この問にはやはり私も否と答えるのが正しいと思う。弾丸が飛んでいったあとの事態は、行為者が何を目的としていたかによって左右されるか。[17]引き金を引く行為の法益侵害性・危険性は殺意あるいは殺害に向けられた第一の行為（引き金を引く行為）を行う意思があれば高められるか。これは客観的に推量するほかなく、意思によって答えられるものではないと思う。また、仮りに意思が行為の危険性に影響を及ぼしうるとしても、意思によって行為の法益侵害性・危険性を決めてはならないという観点に忠実であろうとすれば、行為のもつ法益侵害性・危険性を行為の態様や行為の際の客観的諸状況から判断し（行為者の自白があるということもそのための一つの客観的資料とはなりうる。これは意思で行為を判断することとは違う）、客観的に可能な判断によって決定すべきである。未遂犯において主観が「客観を指導し規整する」役割をもつとすれば、そのような主観を違法要素とすることはやはり問題であろう。

さらに、未遂犯では行為者の意思を離れてはその行為の法的意味（適法か違法か、いかなる違法構成要件に該当するか）を考えることができないかという点についても、行為の態様、状況などから客観的に認識可能なその行為の意味を考えるべきで、否定論の主張が正しいと考える。

(1) Mezger, Vom Sinn der strafrechtlichen Tatbestände, 1926, S. 20 ff.
(2) 佐伯千仭・刑法講義（総論）（一九七四年）一八八頁以下。
(3) 平野龍一・刑法総論Ⅰ（一九七二年）一二四頁。
(4) 平野・前掲書一二二、一二四頁。
(5) 平野・刑法総論Ⅱ（一九七五年）三一四頁。
(6) 佐伯・前掲書一八九頁。
(7) 中山研一・刑法の論争問題（一九九一年）七八頁。
(8) 中山・前掲書七九頁。
(9) 内藤謙・刑法講義総論(上)（一九八三年）二二一、二二二頁。
(10) 前田雅英・刑法総論講義（一九八八年）一七七頁。
(11) 中山・前掲書一〇頁。
(12) 中山・前掲書八、九頁。
(13) 平野・前掲刑法総論Ⅱ三一四頁。

(14) 内藤・前掲書二二一頁。
(15) 平野博士は、このようなものを責任要素として認める根拠はなく、法益侵害性と無関係な特殊の責任要素を認めることは反倫理的心情を罰しようとすることであり、妥当でないと批判される。平野・月刊法学教室三七号（一九八三年）二九頁。
(16)「危険の認識はあっても結果発生を拒否する心理状態は存在しうる」町野朔「現代刑事法学の視点」法律時報六一巻一〇号（一九八九年）一三三頁。
(17) 未遂犯においても行為者の意思が主観的違法要素であることを認められる町野教授は、この点を否定し、この場合（実行未遂における既遂故意）は主観的違法要素であることを否定される。町野・前掲論文一三三頁。

三　目的犯との対比における既遂故意

未遂犯の既遂故意が主観的違法要素であるかを考えるのに目的犯をみることも一つの道である。事実、未遂犯の既遂故意について論ぜられる際には、しばしば目的犯における主観的違法要素の理論が援用される。前述のとおり、未遂犯は目的犯と構造を同じくするものまたは目的犯の一種と考えられるからである。目的犯は「結果を目的とする犯罪」（例えば、内乱罪や誣告罪など）と「後の行為を目的とする犯罪」（例えば、各種の偽造罪や営利誘拐罪など）とに分けられるが、これになぞらえると、未遂犯のうち、実行未遂は前者に、着手未遂は後者に相当すると考えられる。

1　目的は主観的違法要素か

目的犯における「目的」は主観的違法要素であるというのがこれまでの支配的見解であるが、主観的違法要素に対して謙抑的な立場から、必ずしもこれを違法要素と考える必要はないという主張がなされている。そうだとすると、目的犯と同じ構造をもつと考えられる未遂犯についても、既遂故意を主観的な違法要素と考えなくてもよいということになりそうである。(1) 果して、目的は主観的違法要素と考える必要はないのか、二、三のおもな見解をみよう。

(1) 目的犯は外部的行為の意味ある意欲が他の目的を実現する手段と認められる犯罪であり、外部的行為が目的たる他の結果の客観的原因として意欲される場合(「切り捨てられた結果犯」=「結果を目的とする犯罪」)と、行為者または第三者の新しい結果の手段として意欲される場合(「短縮された二行為の犯罪」=「後の行為を目的とする犯罪」)とがある。目的犯の意味ある意欲は未遂犯のそれとその構成が似ているが、未遂犯におけると同じく、目的犯においても、重要なことは最後の結果である。最後の結果に対する意欲が、最後の結果への手段としての行為ならびに中間の結果を包含することは当然である。したがって、行為ならびに中間の結果の意味ある意欲は故意に属し、目的を主観的違法要素とみる必要はない。(2) このようにいう。

(2) 目的犯を一種の危険犯と解し、行使の目的を客観化して、行使される危険のある偽造行為とその危険のない偽造行為とを客観的に区別できないかという問題意識から出発し、目的犯のうち、「結果を目的とする犯罪」の場合には目的の客観化が容易であることを認め(例えば誣告罪における「刑事又ハ懲戒ノ処分ヲ受ケシムル目的」を、処分をうけさせるおそれのある状態の認識として構成する)、「後の行為を目的とする犯罪」の場合も、前者よりは困難ではあるが、右のような目的の客観化によって主観的目的自体の違法要素化を避けうるのではないか。(3) このようにいう。

(3) 内乱罪、外患罪、背任罪など(結果を目的とする犯罪)の場合には外部的行為は目的内容たる第二の結果の客観的原因と考えられており、これらの犯罪では目的とされた事実が実際現出したことは必要でない。客観的要件たる態度がなされれば当然その目的の内容が生ずる可能性があろう。したがって、目的が行為の法益侵害性を左右すると考えることには疑いがある。これらの場合には、ツィムマールのやったように、目的を客観化し、行為自体が目的内容を実現する可能性を客観的に有したことを要すると解釈すべきものではあるまいか。これに対し、各種の偽造罪、職務強要罪、逃走罪など（後の行為を目的とする犯罪）では、客観的要素たる態度は行為者自身または第三者の側からの新たな行為の手段または地盤として意欲される。目的内容はまさに自己または他人の行為であり、外部的行為に内在する一般的傾向または可能性が包含しうる以上のものであるから、ここでは、ツィムマールがしたように目的を客観化して行為自体の傾向が目的実現に向かっていることを要する、というふうに考えることはできない。行為者の目的が加わることにより、その外部的行為ははじめて危険性を帯びまたはすでに帯びていた危険性を増大すると考えられるから、この目的は行為の違法性・危険性を理由づける主観的違法要素である。[4]

(4)　「結果を目的とする犯罪」の場合には、少なくともこの目的は純主観的なものではない。例えば誣告罪の場合は、「虚偽の申告」自体が客観的に処罰を招く危険のあるものである場合に限られ、それを認識して申告したときに処罰するのであり、この条文も実は「……処分を受けしむるおそれのある虚偽の申告をした」と読むべきだということになる。このように考えれば、この型については、「目的」は故意を確定的故意に限定したものであって、主観的違法要素ではないということになる。しかし、これに対して、「後の行為を目的とする犯罪」の場合には「目的」が主観的違法要素であることは否定できないように思われる。例えば通貨偽造罪の場合、通貨に似たものを作るという客観的な行為自体は、違法とも適法ともいえない。教材にするためなら何ら法益侵害の危険はなく適法だからである。行使の目的があることによってはじめて、偽造行為に法益侵害の危険性が生まれるのであって、客観的要素だけで流通におかれる危険のある偽造とそうでない偽造とを識別することは難しいであろう。[5] そして、目的を行為態様に客観化することについては、そうしても、それは蓋然的なもので、かえって処罰範囲が広がるおそれがある。[6]

2　目的と既遂故意との関係

以上の諸見解にみられるように、目的犯について「目的」を主観的違法要素とすることを可能な限り避けようとする努力は、なおわずかではあるが、客観的違法論を護ろうとする者に対して説得力をもちうると考える。未遂犯が目的犯と構造を同じくすると考えられるならば、目的犯において主観的違法要素を否定しうると同じ論法で、未遂犯の既遂故意も主観的違法要素である必要はないといいうるであろう。しかし、右にみたように、そこでもなお、目的犯の一部、すなわち「後の行為を目的とする犯罪」の場合には、「目的」が主観的違法要素であることを肯定せざるをえないとする強い意見がある（(3)および(4)）。この意見を否定することは難しいように思われる。難しいとすれば、未遂犯においてもこれに対応して着手未遂の場合にだけは主観的違法要素を肯定せざるをえないことになるのか。その場合、ここで「後の行為を目的とする犯罪」（＝着手未遂）を「結果を目的とする犯罪」（＝実行未遂）と区別する理由は何か。両者の主要な違いはどこにあるのか。

主観的違法要素であることの第一の理由としてあげた「超過的」内心傾向については、「結果を目的とする犯罪」における（例えば、「虚偽の申告」に対して「刑事または懲戒の処分」）と同様に、「後の行為を目的とする犯罪」にも（例えば、「偽造」に対して「行使」）認められる。しかし、この場合は、主観が客観を超過しているとしても、この主観的目的を客観化して、目的の内容ないし結果を実現する客観的危険のある行為という形に再構成し、この危険の認識という形で主観と客観との対応関係を作ることができれば、超過的内心傾向であること自体はあまり問題ではなくなるはずである。さらに主観的目的の内容の客観化がうまくいけば、主観的違法要素であることの第二の理由としてあげた、主観的目的なしには行為の違法性が確定できないという問題も解決されるはずである。果してこの二つはともに可能か。中山教授はこのような点を問題として、平野博士が、例えば誣告罪（結果を目的とする犯罪）については自ら主観的目的の客観化を説かれながら、「後の行為を目的とする犯罪」について中山教授が説かれた目的犯の客観化による構成については批判されることに疑問を呈される。そしてさらに、未遂犯に関連して、平野博士が未遂犯における着手未遂と実行未遂との区別を目的犯の二つの類型に対応させながら、目的犯の場合には、一方の類型（結果を目的とする犯罪）について目的の客観化を通じて主観的違法要素を否定されるにも拘らず、未遂犯の場合には、これに対応する実行未遂についてこれを否定せず、実行未遂と着手未遂とに一律に主観的違法要素を認められることを疑問とされる(8)。この疑問はもっともと思われる。それでは、この点についてどのように考えていけばよいのであろうか。

3　未遂犯の独自性——私見

問題は、「結果を目的とする犯罪」については目的の客観化が可能であるとして、「後の行為を目的とする犯罪」についてはその客観化は不可能かという点である。これが不可能だとされるのは、さきにあげた見解のなかにも現れているが、結局は、次の点に両犯罪の違いがあるからであろう。すなわち、「結果を目的とする犯罪」は、外部的行為が目的内容たる他の結果の客観的原因として意欲される場合で、「切り捨てられた結果犯」（Kupierte Erfolgsdelikte）という名称が表しているように、行為者が土台を築いた、その行為以上に手を加えなくても目的は実現されうる場合であるのに対し、「後の行為を目的とする犯罪」は、外部的行為が他の行為の主観的手段として意欲される場合で、「短縮された二行為の犯罪」（Verkümmerte zweiaktige Delikte）という名称が表しているように、行為者が築いた土台の上にさらに新しい行為を加えることによって目的が実現される場合である、という点である。

これについては、かつてヘーグラーが目的犯に関して説いたところが参照される。それは次のように述べられている。「結果を目的とする犯罪」（独刑旧二五七条犯罪庇護罪の「処罰を免れさせるため」、同二六三条詐欺罪の「利益を得させる目的」など）では、客観的に要求された態度は、それを超えた、ひとりでに（von selbst）発生するはずの結果を達成する手段として意欲されていなければならず、この場合には、「目的」とされたことは、「客観的な」行為によって惹起される結果として要求されるであろうから、それは余すところなく「客観化できる」。主観的な形式による場合の態度と目的内容が客観化された場合の態度とは、その内容の精確性において等しく違法であり、社会有害的であって、異なるのはただ実現の形式だけである。したがって、この場合には、違法性、社会有害性は目的の内容にかかっており、目的の存在にかかっているのではない。この余すところのない「客観化」の根拠は、客観化にあたってこの場合には目的—手段—関係（Zweck-Mittel-Relation）に代わって原因—結果—関係（Ursache-Wirkungs-Relation）が生じ、それによって、客観化されて考えられた結果が客観的にこれを必要とした行為と結びつき、後者が前者を余すところなく置き換えうるというところにある。しかし、「後の行為を目的とする犯罪」（独刑旧一四六条通貨偽造罪、同二六五条保険詐欺罪など）の場合はこれと異なる。ここでは、客観的に要求された態度は、後の行為の企行可能性のための手段として意欲されていなければならず、余すところなく「客観化」することはできない。その理由は、単純な「客観化」で目的—手段—関係の代りに単純に原因—結果—関係、すなわち、「ひとりでに」生ずる因果関係が現れることはなく、多くの行為が単に順次現れるに過ぎないだろうからである（そして、それらの行為は、ただ、手段—目的としての内部的な結合あるいは原因—「ひとりでに生ずる」結果としての外部的な結合においてのみ違法、有害な態度となるであろう）(9)。

目的犯については以上のように考えるとして、このことは、同じ構造をもつとされる未遂犯についても、そのままあてはまるのか。すなわち、未遂犯においても客観化が可能なのはせいぜい実行未遂の場合に限られると考えるべきか。

たしかに、実行未遂は「結果を目的とする犯罪」と同様に客観化が可能と考えてよいであろう。問題は着手未遂である。この場合は、なるほどその構造は「後の行為を目的とする犯罪」と同じと考えられようが、客観化の可否については必ずしも同じ結論をとる必要はないと考える。行為の発展状況を分析すれば、着手行為は次の行為、終了行為（結果発生行為）の企行可能性のための手段として意欲されるが、着手行為と終了行為との間には質的断絶はないからである。両者は二行為ではなくて一行為の経過部分である。着手行為の意欲も終了行為の意欲も、それぞれ独自のものではなく、結果（発生）の意欲に包摂された部分意欲である。着手行為が同時に終了行為であることも稀にあり、そうでなくても、この場合着手行為は、「実行の着手」として、それ自体実行終了行為（したがって、結果の発生）と不可避的に連結した関係にあると考えられる。つまり、着手行為は常に終了行為を予定している。「実行の着手」とはそもそもそういう性質のものである。着手行為だけをするということは通常では考えられず、後の行為を目的としない着手行為は考えられないということである。したがって、着手未遂においても実行未遂と同様に客観化が可能だと考えられる[10]（中止犯は着手後の、別個の問題）。客観的に後の行為、実行終了行為と不可避的に連結した関係にある行為が実行の着手としての危険性をもつと考えればよい。

偽造は行使の未遂的形態といわれる。しかし、偽造は常に行使を予定し、行使と必然的な結合関係において考えられているわけではない。それぞれ独自の行為が、「行使の目的」によって、内心的な手段—目的の結合関係を得た場合のみ、偽造は行使の未遂的形態だといえる。しかし、この場合にも、偽造罪は行使罪の未遂犯として処罰されるわけではない。通貨の偽造および行使にはそれぞれその未遂を罰する規定があるが（刑一五一条）、行使目的で通貨を偽造した場合に、偽造が失敗に終れば、偽造罪の未遂であって行使罪の未遂ではなく、行使目的でなした偽造が完成したが行使はされなかった場合も、偽造罪（既遂）であって行使罪の未遂ではない。

以上みてきたように、未遂について、着手未遂の場合も実行未遂の場合も、故意を主観的違法要素と考える必要はないといえるのではなかろうか。それは、未遂犯独自の構造によるもので、目的犯について（その一部であっても）主観的違法要素を認めざるをえないとしても、そのことと矛盾するものではないと考える。

(1) さきにあげた、未遂犯における既遂故意が主観的違法要素であることを否定する諸見解は、現に、目的犯における目的が主観的違法要素であることも否定する。

(2) 瀧川幸辰「刑法における構成要件の機能」刑法雑誌一巻二号（一九五〇年）二六頁。

(3) 中山・前掲二注（7）三八頁。同・刑法総論（一九八二年）二四〇頁。

(4) 佐伯・前掲一注（1）二六八頁以下。

(5) 平野・前掲二注（3）一二四頁以下。

(6) 平野・前掲二注（15）三七号二八、二九頁。

(7) 表現犯・傾向犯については主観的違法要素を否定ないし疑問視することはより容易と考えられる。

(8) 中山・前掲二注（7）三三、三四頁。

(9) Hegler, Subjektive Rechtswidrigkeitsmomente im Rahmen des allgemeinen Verbrechensbegriffs, Festgabe für Frank, Bd. I, 1930, S. 312 ff.

(10) ヘーグラーも着手未遂の客観化を可能とする。Hegler, a. a. O., S. 319.

12　刑法体系における故意の考察

一　はしがき
二　認識と意思
三　故意と違法
四　故意と意思と責任
五　行為と意思

一　はしがき

故意が刑法体系、犯罪論体系においてどういう位置を占めるか、単純にいえば、構成要件の要素か、違法要素か、責任要素か、この問題は常に争われており、学説は多岐に分かれている。これは、この問題が、違法と責任の本質をどのように理解するか、また、構成要件の機能と内容をどのように理解するかに関わっていることによるのはもちろんであるが、当然のことながら、故意そのものの理解に関わっていることにもよるといわなければならない。前者は、いわば、犯罪体系上故意が属すべき場所としてどのようなものが考えられるかという問題であり、後者は、いわば、故意をそれらのうちのどの位置に据えるにふさわしいものとみるかの問題である。前者と後者とは全く切り離せる問題ではないが、これまで発表してきた論述に続き、本論文は、後者の問題を中心として考えようとするものである。

故意を犯罪論体系のどの位置に据えるにふさわしいものとみるかの問題は、故意概念をどう構成するかにかかっている。故意概念は、基本的には、故意は「事実の認識」であるという、それ自体は争われない理解に基づいて、「事実」とその「認識」という二本の柱で構成される。(1) このうち、認識の対象となる事実は何かについては、特に近年、裁判事例を手がかりとして、多々議論されているので、ここでは、故意は事実の「認識」であるという点について、改めて検討しようと思う。検討の中心課題は、故意が認識であるという場合、それには意思的要素が含まれるのか、意思は故意とどういう関わりをもつのか、ということである。これらを検討することによって、刑法体系における故意の特質を明確にしたいと考える。

（1）違法性の認識については、ここでは取りあげない。

二　認識と意思

故意は犯罪事実の「認識」である。「認識および予見」[2]（認識は現在の事実について、予見は将来の事実について）といわれる場合も、「表象」[3]といわれる場合も同じと解してよいであろう。そして、刑法三八条一項に規定された「罪を犯す意思」が右の意味の故意であることも一般に認められているところである。問題は、故意は犯罪事実の認識に尽きるか、認識のほかに、意思が含まれるか、という点である。

故意における認識的要素と意思的要素の問題は古くから争われているが、フランクの論説[4]をもとに、認識説（表象説 Vorstellungstheorie）と意思説（Willenstheorie）の対立として活発に議論されてきたことは周知のとおりである[5]。その議論の初期におけるこの対立は、故意（未必の故意）と過失（認識ある過失）との限界づけをめぐって争われ、その限りでは結局いずれにも軍配は挙がらず、争いは鎮静したようにみえた。故意は犯罪事実の認識であるとする認識説は、「認識」を単純に外的事実の内心における表象とみる限り、これに何かをプラスしなければ未必の故意を認識ある過失から区別することはできないと説明し、犯罪的事実が発生することを「意欲」することが故意であるとする意思説は、通常の用語法によれば認識したことを「意欲」したとはいえない場合でも、故意の重い責めを負わせるべきだと考えられるならば、それは意欲したのであると説明することでしか、故意を過失から区別することができない。このように考えられるようになったのである。両説のこのような対立・論争は、もはや理論史的意味をもつに過ぎないといえよう。わが国でも、この論争を越えて、現在では、未必の故意と認識ある過失の限界づけについては、蓋然性説と認容説とが主たる学説として対比されている。このように、故意は認識か意思か、と問うことはもはや意味がない。しかし、いま故意の特質を考えようとする場合、それを決定づけるものが認識的な要素にあるのか意思的な要素にあるのかという形で、認識と意思とを考察の対象にすることは決して意味のないことではなく、むしろ重要なことだと考える。故意の限界づけに関する蓋然性説と認容説との対立は、それらが、一方は認識的な要素を、他方は意思的な要素を故意に決定的なものとみることによるものである。かつての認識説と意思説の対立も、それぞれの立場の学者たちが種々さまざまに論陣を張ったのは、単に故意と過失とはどこに境界線が引けるかを争うだけのものではなく、結局は故意の特質に迫ろうとしたものとみることができる。

故意と過失との区別、従って、故意の限界に関する蓋然性説と認容説との対立をもう一度簡単にみてみよう。

認容説は、認識したことを認容して行為に出た場合に故意を認める。つまり、故意に、認識のほか、「認容」という要素を必要とする。しかし、これについては、「認容」がその論者の認めるとおり[6]意思的要素を意味するならば、意思を認容という形に修正しても、なお、故意に意思的要素を必要とすることとなって、後に述べるような疑問が残る。そのうえ、認容という概念は依然として不明確である。事実、具体的にどのような場合に認容があるのかはいろいろに説明され、また、判例についても、認容があったとして故意を認めたのかどうか、解釈は一様でないことがこのことを示している。これに対して、認容は、「情緒的な附随物」であって意思的なものではない[7]とか、認識した事実を心の感情＝情緒のなかでどう受けとめるかという情緒的・感情的要素である[8]という批判がある。これによれば、認容説の要求する故意の意思的要素は、結局、必要ないものとみてよいということになる。「情緒的」という言葉が相当かどうか疑問だが、認容が意思的なものではないということは確かであろう。おそらく、認識したことを確認し、納得するという心理状態であり、意思形成を容易にするものではありえても、意思または意思の一部ではないといえる。故意に認容を必要とする立場は、かつて意思説がそういわれたように、そもそも故意の特質は意思的なものである点にあり、少なくとも、故意には意思的なものが含まれなければならない、という出発点に立っていると思われる。

蓋然性説は、故意の特質が認識にあるという立場から、結果の発生が蓋然的だと認識して行為した場合に故意を認める。認識説を基礎とし、故意に意思的要素を要求しない点において、本稿で求めている故意の理解から、基本的には正しいと考える。ただ、この説には、蓋然性の基準が必ずしも明確でなく、認識の有無の判定が恣意的なものとなるおそれがあるうえ、蓋然的であるか単に可能であるかという、量的なもので質の違う故意と過失とを区別するという欠点がある。結果の発生が蓋然的でなかったと思ったことが、結局、その行為者にとっては結果発生の認識を打ち消すことになったのだと考えるのでなければ、この欠点は救われない。ただし、それは、蓋然性が極めて低く、まず結果は発生しないだろうと思った場合に限られるであろう(9)。

さらに、蓋然性説にいう認識は、それを行為を思い止まる動機にしなかったところに重要な意味があるとして、それの意思活動への動機過程を重視する立場がある。動機説と呼ばれる(10)。結果を認識したならば、そのような結果を生じさせる行為を思い止まらなければならない。それにも拘らず、結果の認識を行為を思い止まる動機とせずに行為に出たことが非難されるのであるから、犯罪論において故意のもつ意義は、単に認識しているという点にではなく、それが行為を阻止する動機となりえたし、なるべきであったという点にある。その意味で、動機説の主張は正しい。しかし、これは故意と責任とを一体としてみているのであって、故意、殊に、これまでの検討において念頭にある(事実的)故意の概念規定が、即、行為の阻止動機としての機能をも含まなければ意味のないものとは考えられない。動機過程の重要性は故意だけの問題ではない。過失の場合も認識のなかったことが行為を思い止まらせなかったのであって、注意して認識すれば、行為を思い止まることができたはずだし、思い止まらなければならなかったはずである。故意と過失とは、いずれも、動機過程を介して責任要素としての特質を共有するのであって、ここでは過失は、認識と行為阻止への動機づけとの結びつきが故意の場合のように直接的でない点で、故意と異なるのである。それはひとえに、故意と過失とが認識の有無において相違することに基づく。故意の本質と故意が何であるかとは別である。ここで、故意が何であるかを決定づけるものは認識である、ということこそ望ましい。認容説が認容を必要とするのは、「違法の意識による心理的葛藤の存在および反対動機克服の意識を要するという趣旨に帰着しないであろうか(11)」といわれるが、そうだとすれば、認容説に対しても動機説が動機過程を重視することについて述べたのと同様のことがいえるのではなかろうか。動機説は、動機過程を重視することによって、故意と責任を結びつけ、ここで故意の責任内容をみることになったといえないだろうか。故意は、もともと、行為が有責であるためにはどういうことが必要かという問いかけから出てきたものであるから、故意に責任要素であることを先取りするようなみかたは正しくないであろう。しかし、同じく動機説でも、動機づけ（意思への働きかけ）を違法行為の阻止動機についてみるのではなく、行為（実現）動機に、すなわち、認識したことが行為を行う動機となったという点でみるならば、故意をこの意味の動機説で説明することは正しいと考える。

かつての認識説と意思説との対立のなかでフランクに代表された認識説が、この説は「悟性責任」を断罪することになると非難されたことに対し、エンギッシュが次のように釈明している。「ひとが事柄の根源を究明していたならば、フランクが彼の責任概念の構成において力を込めて強調する必要があると認めた事柄を認識できたであろう。すなわち、故意を結果の予見であると規定することは、何も故意の責任内容を説明し尽くそうとしているのではなく、故意に属するところの、結果やその他の行為事情に対する関わり方を確定するという、故意責任のこのような側面だけを明らかにするつもりなのだということを認識することができたであろう。このような理解に基づく表象説にとっては、構成要件実現の表象が、行為者がその表象を抱いて行為に踏み切ったという事実に結びつけられた場合に、はじめて、故意における責任内容が、現れてくるのである(12)」。

動機説と関連して、動機説は故意を「動機過程の一環としての心理状態とみることになるが、その場合、故意の成否については、結果発生ないしその可能性・蓋然性の認識と結果を発生させる行為に出る決意（意思内容を含む意思決定）との結びつきがあるか否かをのみ問題とすべきであろう[13]」といわれる。このこと自体は正しいと思う。しかし、ここでいわれる動機過程と決意とは異なる。動機説は動機過程を故意と責任との関連でみており、ここにいう決意は故意を行為との関連でみているといえるであろうからである。動機説は認識説であるといえるが、故意に認識のほかそれと結びつく決意が必要であるという見解は、むしろ、故意に意思的要素の必要性を認めるものといえる。

故意を過失から区別する決定的要素は結局のところ認識であるとするこれまでの検討は、過失との相違という観点から故意の特質を求めようとするものであった。犯罪はすべて故意犯か過失犯かのいずれかであるので、故意を考えるには、常に過失を念頭に置かなければならないからである。また、何事も、最も近似のものからその特質を際立たせることによって、そのものを最もよく表す概念規定ができると考えられるからでもある。しかし、過失を離れて、故意自体の問題として考えても、これに意思的要素を持ち込むことには疑問がある。

そもそも意思という概念は認識と並べて用いるには不適当かつ不明確といわざるをえない。いうまでもないことであるが故意の対象となる事実には、犯罪の種類によって、認識することはできても意欲することは本来的にできないものが多数ある。行為主体の身分・地位、行為客体の性質・状態、行為の際の状況などはほとんどが、ある人の意思によって実現することはそもそもできないものである。行為と結果の因果関係についても、さらにいうなら、規範的構成要件要素も、行為の違法性（その認識が故意の要素だとした場合）も認識するものであって、意欲するものではない。結局、意欲することができるのは、必要な諸事実を認識したうえで、予見した結果を実現すること、つまり、結果を実現する行為をすることであるに過ぎない。意思は当然に認識を前提とし、認識事実が意思の内容となる。これは、認識がある心的な事実ないし状態を指すのに対し、意思はある身体的動作を呼び起こす内心的な力であることによる。

意思のこの特質から、意思を故意の要素とすることは疑問である。敵を狙い撃ちすれば殺せることを認識し、殺人の意思でその行為を行った場合には、異議なく故意が認められる。これに対して、猟師が獣を発見し、これを射止める意思で発砲したが、不注意のため人に当たって、人が死んだという場合はどうか。認識および意思が故意に属するなら、この場合は人の死の惹起については、認識も意思もないから、故意ではなく、過失が認められるに過ぎないことになる。しかし、この場合にも、発砲という動作は無意識に行われたわけではない。獣を射止める（人を殺すのではない）という認識が、それを内容とする意思によって獣（実際は、人）に向けた発砲という行為に現実化したのである。これを言い換えれば、人の死（または殺害）について認識がなかったことが意思的な発砲行為を行わせたのである。ヴェルツェルが過失行為も目的的行為であるといったことは、それが意思的行為であると同義に理解される限度では正しい。故意の場合も過失の場合も、同様に、ある内容の意思によって行為が行われた点においては変わりがないといってよい。故意の場合と過失の場合とで違うのは、行為に出た意思の中身（認識）である。すなわち、過失は、一定の認識はあるが、犯罪とは無関係の事実の認識であるため、犯罪事実に関しては、故意では認識があるのに対し、過失では認識がないことになる。結局、故意と過失とを決定的に分けるのは犯罪事実の認識の有無であって、意思の有無は故意と過失を分けるのに役立たないといわざるをえない。

故意は犯罪事実の認識である。しかし故意の特質を考える場合には、もちろん、これで事が済むわけではない。故意が認識であり、そのようなものとして責任要素とされたのは、まさに動機説がそこに焦点を定めたように、認識が違法行為の阻止動機（厳密には、違法行為への意思決定を阻止する動機）にならなければならなかったという点にある。そこから責任非難が生まれるからである。違法性の認識または認識の可能性の有無はこの段階での問題である。故意の本質をここにみるなら、故意はやはり責任判断に関わるものということになる。

(2) 内藤謙・刑法講義総論(下)Ⅰ八九四頁、大判大正一一年五月六日刑集一巻二五五頁。
(3) 大塚仁・刑法概説(総論)〔改訂増補版〕一七九頁。
(4) R. v. Frank, StGB, 18. Aufl. 1931, §59, I; ZStW 10 (1890) S. 189 ff.
(5) K. Engisch, Untersuchungen über Vorsatz und Fahrlässigkeit im Strafrecht, 1930, S. 126 ff.
(6) 例えば、大塚・前出注(3)一八二頁。
(7) 平野龍一・刑法総論Ⅰ一八五頁。
(8) 内藤・前出注(2)一〇八八頁。
(9) 同旨、中野次雄・刑法総論概要〔第三版〕四七頁。
(10) 平野博士が動機説に肯定的であるようで、認識説が妥当であり、犯罪事実の認識の有無が故意と過失との限界をなすと述べられるのは、この趣旨か。平野・前出注(7)一八五—一八七頁。なお、「動機控制説」として、荘子邦雄・刑法総論〔第三版〕(現代法律学全集25)三四九、三五〇頁。
(11) 中野・前出注(9)四六、四七頁。
(12) Engisch, a. a. O., S. 129-130.
(13) 内藤・前出注(2)一〇九〇頁。なお、同八九四頁参照。

三 故意と違法

これに対して、故意は責任要素ではなくて違法要素(主観的違法要素)であるとし、または、責任要素であるとともに違法要素でもあるとする見解がある。ドイツの刑法学では今日、このような考え方が広く行きわたっているようである。[14] わが国の現状では、このような見解が一般的であるとはいえず、少なくとも、故意が単に違法要素であるという見解は当面見当たらないが、故意が責任要素であるとともに違法要素でもあるとする有力な立場がある。「不法と責任とを理論的に区別する犯罪論体系において、故意という心理的事象が、不法の段階では社会的有害性の視点から評価され、責任の段階では非難可能性の視点から評価され、犯罪論体系において二つのことなった意味をもつものであると解することは、故意の体系的地位の把握として妥当であろう。したがって、故意（事実的故意）は、行為（意思実現）の構成的要素として行為の客観的側面と一体となって主観―客観の全体構造をもつ行為を構成し、この全体としての行為が不法判断の対象となるという意味において不法要素であると同時に、この事実的故意は行為のときに表現された行為者の心理的活動形式として意思形成の面から問題とされ責任判断の対象となるという意味において責任要素でもあると解する[15]」というのが、その代表的な理解であるといってよいであろう。故意に関してここで生ずる主たる疑問は、第一に、違法判断の対象となる行為について故意と行為意思とが同一視ないし混同されているのではないか、第二に、故意が不法要素であるというのはどういう意味か、第三に、なぜ故意が行為のもつ社会的有害性に影響を与えるのか、ということである。故意を違法要素と考えることは、目的的行為論およびそれと関係の深い人的違法論にその源がある。究極的には、第一の疑問は目的的行為論に対する疑問に、第二の疑問は目的的行為論と人的違法論に、第三の疑問は人的違法論に対する疑問に至ることになろう。しかし、ここでは故意自体に関する疑問に限定する。それによっておのずとこれら三つの疑問に対応できるであろう。

第一の疑問は、違法判断の対象となる行為について故意と行為意思とが同一視ないし混同されているのではないかということである。これについては、前に故意における意思的要素について考察したときにわずかながら触れており、また後に、意思および行為に関する考察のなかで触れることになるので、簡単に述べておく。行為は意思実現であるとしても、行為の実現意思（行為意思）と故意とは同じではない。実現意思は、一定の心的内容を外部に行為として現実化する心的力、心的作用であるのに対し、故意は、行為に実現する意思の内容をなす、一定の事実を認識しているという心的状態（通常、これを単に「認識」と説明している）である。また、目的的行為論は、行為は目的的意思実現であると説明するが、この目的と故意とも同じではない。目的は、故意を越えるものであったり（例えば、目的犯の目的）、目的がなくても故意がある場合がある（例えば、未必の故意の事例）。故意と目的的実現意思とが内容的に事実上一致することは多いであろうが、両者は同じものではなく、事実上も、常に一致するとは限らない。

第二は、故意が不法要素であるというのはどういう意味かという疑問である。故意が不法要素であると説明されるその理由は、違法判断の対象は行為であり、行為は主観—客観の全体構造をもつものであって、故意は、行為の客観的側面と一体となって、全体としての行為を構成する要素であるからだ、ということにあるのだろうか。ただ、行為というものがそのような構造になっているからだということに理由があるに過ぎないのだろうか。もしそうであるなら、故意と行為意思との同一視を違法論においても引きずっていると反論することで足りる。しかし、おそらくそのような単純な理由ではないであろう。行為が違法であるかどうかは、行為を構成する客観的要素のみならず主観的要素もすべて合わせて、全体としての行為をみなければ正しく判断できないということであろう。

そこで第三の疑問が出てくる。故意はなぜ、ここでいわれる、行為の違法性、すなわち、社会的有害性に影響を与えるのか。後に述べるとおり、行為は、人の所作（しわざ）として、意思を抜きにしては考えることができない。そして、意思を抜きにしては考えられない、人の行為であるからこそ、法はこれを違法判断の対象にする。違法であればこれを行った責任をその人に問わねばならないからである。しかし、このことから直ちに、行為の違法判断は、常に、行為の主観的側面（内心、意思内容）をも対象にしなければならない、ということになるわけではない。両者は別の問題である。行為は、内心の表現として、外部に現れた客観的な姿（客観的側面）において社会に害を与える限度で法の規制を受ける。行為の社会的有害性は、やはり、外的行為の法益侵害性および危険性にあると考えられるからである。

これに対しては、人的違法論の立場から次のように批判される。違法の実質は法益侵害・危険であるといわれるが、社会生活を営むために存在する法は、すべての法益侵害を違法として禁止するものではない。『歴史的に形成された社会生活の枠内にある行態』（社会的相当行為）は、たとえ、法益を侵害したとしても、違法ではないのである。……（中略）……そこで、違法性の判断にあたっては、法益侵害という結果だけでなく、行為の態様（行為の種類、方法、主観的要素など）も考慮に入れなければならない。すなわち、違法性においては、法益侵害という結果の無価値だけでなく、行為の無価値が問題とされなければならない」[16]。これは、基本的には、ヴェルツェルのいわゆる人的不法論の結論と一致するものであって、ここでいう人的不法論は、行為は一定の行為者のしわざとしてのみ違法なのであり、行為者がいかなる目標設定を目的活動的にその客観的行為に与えたか、行為者がいかなる気持ちからその行為をしたかなど、これらすべてが法益侵害とともに、行為の不法を決定するのであって、つまるところ、違法性とは、常に、一定の行為者に関係づけられた、「人的」な行為の非認であるとするものである[17]。

しかし、これに対しては次のようにいうことができるであろう。違法性は「全体としての法秩序に反することである」[18]としても、法秩序に違反するのは、この立場の言葉を借りれば、行為が社会にとって有害であるからである。しかし、行為の社会有害性は何よりもまず、外的な行為の法益侵害・危険にあると考えなければならない。行為自体は人のしわざであり、人の内心を抜きにしては考えられないものであるとしても、法益の侵害・危険を現実にもたらすのは、わずかの例外を除き、外部的な行為の姿においてである。内心的なものは違法判断の際にすべて除外されなければならないわけではないが、内心的なものについては、これを明らかにするのが難しく、人の理解も一様であることを保証できないから、可能な限りこれを除くのが望ましい。事実、ほとんどの場合に、これを除いて判断しても違法判断に不都合はない。行為は主観・客観の一体構造をもつものとして、主観的なものも判断対象にしなければならないといっても、行為が行為者の意思表現であるとすれば、その限りで主観と客観とは重なり合うはずであるから、客観的側面をみればそれで事足りるはずである。行為の外部的側面で事足りる違法判断に、判断の客観性を保証しえない主観的要素を常に持ち込むことは害こそあって益がないということになる。なぜ故意を違法要素としなければならないのであろうか。

結果無価値と行為無価値という表現は、両者を対立させるのには不適当である。どちらをとるかといえるものでもない。違法判断は行為に対する判断であるから、行為の価値を問うのは当然である。問題は、行為の価値・無価値は、何を根拠にして、何を基準にして判断するのか、どこに判断の重点を置くのかということである。結果無価値か行為無価値かではなく、行為の物的（事実的・侵害的）無価値か人的（規範的・倫理的）無価値かというほうが当をえているのではないか。結局、行為の具体的・現実的侵害性か抽象的・社会倫理違反性（または、秩序違反性）かに帰着する。そして、行為の規範的無価値、または、行為の抽象的・社会倫理違反性（秩序違反性）も、結局は、その根拠または判断の基礎を行為の法益侵害性・危険性、その有無・大小・優劣等に求めなければならない。従って、この侵害性・危険性に行為の無価値をみるのがいわゆる結果無価値論だとすると、結果無価値論は誤ってはいないといえよう。

故意が違法要素であることの論拠として、さらに、故意の犯罪行為と過失の犯罪行為とが、すでに、その違法性において類型的に異なるということがあげられる。よくあげられる例によれば、客観的には人を傷つける行為が、殺人の故意があれば殺人未遂、傷害の故意があれば傷害、故意がなく、過失があれば過失致傷になる。たしかに、これらの場合にどの類型の犯罪が成立するかは、故意の有無、内容に依存する。しかし、このことから直ちに故意が違法要素でなければならないということにはならない。むしろ、責任類型としての区別と考えるのが妥当であろう。

故意は意思実現として違法判断の対象となるとされることについては、さきに、故意と行為意思との違いということから反論したが、この反論は、故意が違法要素ではなく、むしろ、責任要素であることを明かすことにもなる。責任が、犯罪事実の認識があればその認識内容の行為（違法行為）を阻止すべきであり、それをせずに行為に出たことを非難するもの（規範的責任）であることは、今日一般に承認されている。意思の内容たる認識（故意）によって決意し、決意が行為に実現されたならば、意思は、そのことによって、役割を果すのである。違法行為に踏み切るという、故意的意思決定および意思実現（実現された行為ではなく）が、ここに成立する義務、すなわち、違法行為を阻止して適法行為を行うべき義務の違反として、責任判断の根拠であることは否定できない。このような意思に深く関わる故意には、責任要素としての行為抑止の役割は期待されていても、行為の違法性を特色づける機能をみるのは難しいからである[19]。

故意を違法要素でもあるとする立場は、このことは、過失が違法の領域では客観的注意義務違反として、責任の領域では主観的注意義務違反として取りあげられることと対応するので、体系的に妥当であるという[20]。故意と過失とは犯罪構成の一要素として一対をなすものであるから、右のような説明が納得できるならば、これも、故意が違法要素でもあることの一つの論拠となろう。しかし、ここにも疑問がある。過失の中核は注意義務違反であるが、注意義務違反は、責任要素としての過失の場合には、認識のないことについて問題となる。責任要素としての過失は、行為の際の行為者の心理状態において故意と並べられ、事実の認識の有無によって故意と区別されるが、故意とともに責任非難の要素であるためには、不認識に注意義務違反のあることが要求されるからである。これに対し、「注意義務違反」は事実の不認識という内心的状態についてだけでなく、結果の不回避という外部的態度についても問題となりうるとされ（新過失論）、前者は主観的過失、後者は客観的過失と呼ばれる。しかし、客観的過失の存在が行為の違法性判断に必要かどうかという問題は措くとして、いわゆる主観的過失にはそれに対応する故意があるが、いわゆる客観的過失にはそれに対応する、いわば客観的故意というものがあるのだろうか。あると考えられるからこそ、過失と対応して故意が違法要素であるのであろう。対応関係をいう場合には、対応させるものをまず共通の土台に載せなければならないが、いわゆる客観的過失と一対をなすいわば客観的故意の実体は何なのか。それが意思実現であるのか。そうだとすると、意思実現としての故意については、さきに述べたことを再度繰り返すことになる。

(14) 福田平「故意の体系的地位について」(東海法学九号一三九頁、一九九三年)に詳しく紹介かつ論評されている。
(15) 福田・前出注(14)一五一頁。
(16) 福田平・全訂 刑法総論〔第三版〕一四一頁。
(17) 福田・前出注(16)一四三頁注(三)参照。
(18) 福田・前出注(16)一四〇頁。
(19) 中野・前出注(9)四四頁参照。
(20) 福田・前出注(14)一四八頁。

四 故意と意思と責任

故意は犯罪事実の認識であると述べてきた。そして、意思は故意には含まれないとみたほうがよいと考えてきた。しかし、犯罪論の構成において、意思が必要でないとか重要でないというわけでは決してない。むしろ、大そう重要なものであり、ある出来事が犯罪であること、それが人の行為であり、それ故に法がその人にこれを行った責任を問うということは、人の意思というものを抜きにしては説明できない。もちろん、意思が処罰されるわけではないから、犯罪論において意思が独立して考察の対象とされることはない。しかし、多分、意思の必要性・重要性をどこかで評価しようとしてきたのが実情であろう。事実、行為論にも、違法論にも、責任論にも意思が顔を出してくる。ただ、その実体が必ずしも明確ではないために、さまざまな表れ方をする。例えば、行為の概念的要素として、あるいは、故意との関連で違法評価・責任評価の対象として取りあげられる。また、その意思過程を区分して、意思形成・意思決定・意思実現などとして取りあげられる。このことが、故意の側からみれば、犯罪論における故意の特質に影響しているのではなかろうか。改めて、この点を考えてみる。

意思が何であるか、その実体は明確ではない。意思と呼ばれる特定のものがあるのかないのか、それがどのように身体的動作をつかさどるのかは、脳や神経の構造・機能・運動などの生物学的な観察によって知られること以外、心理的には、実証することができない。意思は観念上の事象である。しかし、われわれは、一つの心的な力として、その存在を信じ、その働きを感知する。認識は、これも心的な事象であるが、心理的には実証可能である。また、意思が、意思形成・意思決定・意思実現などと表現されるように、動的なものであるのに対して、認識は、静的な、認識・予見という一定の状態である。また、その対象も、意思の場合は、それがつかさどる身体的動作に限られるが、認識の場合は、身体的動作のほか、その意味、性質、他との関係その他の諸事情に及ぶ(21)。従って、意思と認識とは同じものではなく、同じに扱われるものでもない。しかし、意思はおおかたは認識を前提とし、認識は意思を通じて外部的態度につながる。両者は密接な関係にあることは確かである。そのために、意思は認識と離し難いものとして、多くの論者から、認識とともに故意の実体をなすものとして犯罪構成の一要素の役割を担わせられてきた。それにも拘らずここで意思を故意から除こうとするのは、意思がいま述べた諸点において認識とは異なるということだけがその理由なのではない。むしろ、より重要な理由は、第一に、刑法上の故意には、それにとってよりふさわしい理解があると考えられること、第二に、意思には、認識とは異なる、独得の犯罪要素としての性質・役割があって、認識と一緒にされるのは適当でないと考えられることである。

第一の理由に関しては、これまでにも述べてきたが、ここで、約三〇年前にシュミットホイザーがある講演で次のような提言をしていることに触れておく。刑法上の故意概念は、故意の日常的概念と同視してはならず、目的論的に構成されなければならない。そのために、当然のことながら可罰行為の要素としての故意は刑罰という法効果の前提を意味するので、刑法がこの言葉を用いるその目標を考えねばならない。ドイツの刑法各則には、故意でも過失でも罰する一連の規定があるが（偽りの宣誓、殺人、放火など）、これらのすべての規定は、その他が同じ外部的事情の場合には、過失の行為に軽い処罰を予定している。例えば、偽りの宣誓（独刑一五四条一項）について過失の場合を罰するのに、「第一五四条から第一五六条までの規定に記載した行為の一つが、過失によって行われたときは……」（独刑一六三条一項）と規定されている。行為はすべて故意で行われるかあるいは故意または過失で行われるかの場合以外は罰されない。これは一九六二年草案一五条も「法典が過失行為を明文をもって罰している場合のほかは、故意行為のみが罪となる[22]」と規定していることからもわかる。われわれが故意概念を問題にする場合には、常に同時に過失概念をも問題にしなければならず、そうすることによってのみ、可罰性の領域を重い罪と軽い罪とに正しく分けるという課題に応えられる。またその場合、ある行為を故意的なものまたは過失的なものとして特色づける概念が求められ、刑法五九条[23]は、それが行為事情の認識と不認識とに関わるものでなければならないことを明らかにしている。目的論的な故意概念の概念内容には意思的な要素は含まれず、結局このことは故意的である（vorsätzlich）という概念自体が意思的要素を含まないということを意味する。以上のように説明して、彼は、日常の故意概念との間に距離を置き、同時に、概念の法的性質を十分明らかにするものとして、これまでの Vorsatz に代えて Vorsätzlichkeit という呼称を提案し、Fahrlässigkeit との等質性を適切に示そうとした[24]。

第二の理由は、意思には独得の犯罪要素としての性質・役割があると考えられるということである。われわれが故意行為・過失行為、故意責任・過失責任などという場合、故意・過失と行為（または違法行為）および責任との関係について、十分深くは考えていないところがあったのではなかろうか。すなわち、犯罪の構成を考える場合に、一方で、構成要件に該当する違法な行為があるか、他方で、行為の際、行為者にその責任を問いうるための諸条件が備わっているかを考え、双方が揃えば犯罪が成立すると、いわば、機械的・因果的に考え過ぎるところがあったのではなかろうか。行為は結果との間に、（相当）因果関係があればよいのではなく、客観的な帰属関係がなければならないのではないかということは、いま大そう議論されている。それと同様に、行為は、行為者との間に主観的な帰属関係（＝帰責関係）が認められなければならないということも重要問題である。しかし、この関係は、行為者に責任要件が揃っていることで、なかでも、故意があることで認められると考えられてきている。故意が意思でなければならない、または、故意には意思的要素が含まれる、というのは、行為者と行為との間に必要な帰責関係をここで認めようとするのであろう。しかし、それでは過失の場合はどうなるのか。そこで、この帰責関係の中心になるのは、意思であって、故意ではないと考えればどうだろうか。

この点で明確なのは、次のように説かれる、目的的行為論の立場である。人間の行為は目的活動の遂行であって、目的性は因果関係を目標達成に向かって計画的に統制する意思の能力に基づくから、意思は外部的な因果的事象を目標に導かれた行為とする統制因子であり、この意思がなければ行為はその実質的構成が破壊されて盲目的な因果の経過に落ち込むであろうから、目的的意思は、現実の事象を客観的に形成する因子として行為に属する。行為の目的的統制は二つの段階において行われる。第一の段階は、思考の領域において進行し、目標を設定し、目標達成に必要な因果の因子を、身体的運動に至るまで決定する。第二の段階は、これが外界において実現される現実の因果の経過である。[(25)] このように説明される目的的行為論によれば、犯罪事実の認識意欲である故意は、この理論がここで行為の客観的形成因子であるとした、意思にほかならない。そして、前に述べたとおり、故意（＝意思）は、一方では、行為者が違法な行為を内心において決意するという、意思形成についての非難可能性として責任評価の対象とされ、他方では、これを外界において実現するという、意思実現として違法評価の対象とされる。

目的的行為論は行為概念の分析によって、行為者の内心の、ある意識状態が意思の作用によって外界に実現されるという行為の構造を明らかにし、外部的動作に対する責任を行為者に問うという、帰責関係を意思の介在によって具体的に明らかにしているといえよう。しかし、目的的行為論が、前に述べたとおり、故意がこの目的的意思であるとすること、故意が意思実現として行為の違法性決定の要素であるとすることには、重大な疑問がある。行為が意思によって決定・実現されたものであることは、故意行為・過失行為を問わず、その行為の責任（非難可能性）を行為者に問いうる前提である。意思の自由ということが責任論で問題とされるのも、そのためである。目的的行為論も、同様に、意思の自由の問題を責任論で取りあげている。故意はその行為を決定・実現する意思の内容となっているものであり、そのために、行為が犯罪構成要件に該当するものであるときに、その行為を行ったことについて重い故意的責任を問うための要素となるものである。

わが国の通説である因果的行為論は、行為論で意思を問題とするが、単に有意性、意思の因果的原因性を説くだけで、意思が行為にどのように関わるのかを行為論では詳らかにしない。そして多くは責任の領域で、意思を故意として、または、故意の概念的要素としてみるに過ぎない。しかし、たとえ意思が故意に含まれるとしても、そこでは、意思は意思形成ないし意思決定という内心の問題であるに過ぎない。社会的行為論には、これを広くみれば種々の立場があるが、因果的行為論のいう行為に社会的有意義性を要求する立場のほか、行為概念から意思的要素を排除しようとする見解が、わが国で目立ってきている。しかし、これらの行為論から出発する諸見解が、殊に故意の限界に関する認容説、蓋然性説または動機説による論証との関係において、意思を犯罪論のどこで、どのように取り扱おうとするのか、必ずしも明らかではない。一つ例をあげる。行為論では、行為概念は単に「身体の動静」とするのがよい、意思の有無という主観的な要素をこれにおりこむのは必ずしも適当とはいえないとしながら、故意論では、故意の（過失に対する）特質を認識とし、認容説を批判して、意思的な要素は行為を意思に基づく身体の動静とする通説によれば「行為概念」のなかにあり、故意はその意思の内容は何かという問題であると述べ、そのうえで、「結果が発生すると認識しながら、行為に出たときは、その結果を意思したものである」とされる(26)。もう一つ例をあげる。行為は、「何らか社会的に意味のある人の態度である」とし、責任論において、行為者が行為について責任ありとされるためには、行為が人格相当的であり、人格の表動であることを要し、この人格相当性は、行為と行為者との間の一定の心理的関係の存在（または存在の可能性）を実質とする。これは故意（または過失）であって、故意（または過失）は、行為を行為者の責任に帰属させうるための主観的事情であり、故意は、事実の認識および違法の認識があるにも拘らず行為を思い止まろうとしない、規範に対して反抗的な意思であると説かれる。しかし、故意（または過失）があっても、適法行為の期待を不可能にするような例外的事情があれば、人格相当性はその行為には認められないとも述べられる(27)。これらの見解は、帰責の要となる意思を、故意そのもののなかにみていると理解してよいのであろうか。あるいは、故意そのものではなく、前例の見解では、故意に基づく行為への動機づけにおいて、後例の見解では、故意その他の主観的（人格的）事情の行為への表動において意思をみているると理解してよいのであろうか。もしもこのような理解ができるならば、すなわち、認識したうえで行為に出るという心的活動または人格的事情の行為への表動に意思をみていると理解することができるならば、このように責任論のなかで、故意とは別の、帰責の要である犯罪要素としての意思の存在が認められ、その独自性と必要性が明らかにされるのではないかと思う。これと異なり、意思を行為論で取りあげる見解がある。すなわち、行為を「社会的な意味をもった人の外部的態度」とし、故意については、「認容」という要素もそこには不必要として、事実的故意を行為意思とはっきり区別し、行為意思は、動作を「行為」たらしめる要素であるとする。(28) この見解は、目的的行為論を否定しつつ、この理論が目的意思による支配を行為にとって本質的なものとした点を評価するのであるが、これは、行為論のなかで重要な機能を果すものとして意思の独自性に注目するものと考えられる。

(21) 中野・前出注（9）四三頁参照。
(22) 現行のドイツ刑法一五条もこれと同様の内容の規定になっている。
(23) 現行のドイツ刑法では一六条一項がこれに当たる。
(24) E. Schmidhäuser, Vorsatzbegriff und Begriffsjurisprudenz im Strafrecht, Recht und Staat, Heft 356/357, 1968, S. 14-22, 1968.
(25) H. Welzel, Das neue Bild des Strafrechtssystems, 1961, S. 1-3.（福田平・大塚仁訳『ハンス・ヴェルツェル　目的的行為論序説』一―四頁参照。）
(26) 平野・前出注（7）一一三、一八五頁。
(27) 佐伯千仭・刑法講義（総論）一四五、二四六―二四七頁。
(28) 中野・前出注（9）二二―二三、四三、五〇頁注（12）。

五　行為と意思

「犯罪は行為である」。この聞き馴れた言葉は、行為概念をどのように規定しようと、統一的な上位概念としての行為概念の困難性から行為概念そのものを否定しようと、また、「行為」という名称を拒もうと、否定されるわけではなく、この言葉の意味する事柄自体は争われはしないはずである。そして、刑法において行為を論ずる意義は、犯罪に限界を設定し、犯罪となるものを統一的にまとめ、さらに、すべての犯罪要素が属性として付加される基礎を提供する点にあると考えられるが、ここで、外界の侵害的事実の帰責関係の解明の手がかりを与えるという点も無視してはならないであろう。

ここで行為概念について論ずるつもりはない。ただ、ごく単純にいって、犯罪論の基礎となる行為は、法益侵害に関わる社会的事象として表現される人間の何らかの所作をいうことは確かであろう。それが、「意思に基づく身体の動静」とされようと、「社会的に意味のある人の態度」とされようと、また、目的的意思による目的的活動と説明されようと、「行為」であるためには、ある外部的事象が何らかの形で人の意思と関わりをもっていることは否定できまい。関わりを予定しているといったほうがよいかも知れない。単に「身体の動静」といわれる場合にも、意思の要素を排除するようにみえて、実は完全には排除できているとは考えられない。それは人の所作であるからである。

もともと、われわれが「行為」と呼ぶ場合、それは、そのものにあらかじめ備わった自然的性質というものがあって、それを見極めればこれは「行為」であるといえる、そのようなものではない。行為に関するある哲学的考察から学ぶところによると、「行為」という言葉は、例えば「鳥」のような、あらかじめ存在する自然の種類分けを写しとる言葉ではなく、何が行為か何が行為でないかを決めるのは、いわば人間社会の約束ごとに属している。それは、人間のすることなすことが、物理的・生理的・心理的な現象としてもつ特徴から「行為」と呼ばれるのではなく、ある関心から、例えば、評価の対象として、規範との関係で、あるいは、責任との関係で「行為」という言葉が用いられるのである。つまり、「行為」は、価値・規範・規則・責任といった、それぞれ人間理解の枠組みの一角をなす重要概念と密接な関係にあり、人間的な現象を行為とみることは、同時にそれを右の重要概念のネットワークに組み入れ、価値・規範・責任などの概念の適用対象であるものと考えることなのである。[29] 刑法上の行為について考える場合にも、このことを念頭に置くことによって、なぜ自然主義的因果的行為論が批判されるのか、なぜ社会的行為論と呼ばれるさまざまの内容の行為概念が提唱されるのか、なぜ目的的行為論によって目的的意思が強調されるのか、その根拠がみえてくるように思われる。

このような基点から刑法上の行為について考えるとき、誰もが疑いなく行為であると認める人の外部的態度（身体の動静）は、それに意思が関わっている場合であり、疑いなく行為でないと認める人間の外部的態度（身体の動静）は、それに意思が関わっていない場合であるということができよう。意思が関わっているかいないか、従って、行為であるか行為でないか、その区別・限界についてはもちろん問題になる。しかし、意思が関わっているとみなされた外部的態度は行為であると認め、逆に意思が関わっていないとみなされた外部的態度は行為でないと認めるという限りにおいては、事ははっきりしている。意思が関わっているとはどういうことか、これには議論があろう。一般的には、通常なされるように、外部的態度の欲求・認識・決断・作動・支配などと説明することはできよう。しかし、これも、行為というものをさきに述べたようなとらえ方をすれば、根源的には、外部的態度が「行為者自身の欲求と認識を原因として」生じている場合、「外部的態度の原因が行為者自身のうちにあって外にはない」場合、といってよいであろう[30]。それは、意思というものが、心的に実証しえない観念上の存在であるが、その存在は、外部的態度のようにいちおうその人から切り離して観念しうるというものではなく、人間存在と一体となっているもの、そのために、法や道徳などの一定の場で人間が単なる「ひと」ではなく「人格」という言葉で語られうる、そのようなものだと考えられるからである。そこで、行為は、意思による身体的動静であるとか、主観＝客観の全体構造をもつものであるとかいわれる場合も、それが意思と身体的動作という二つの異質の出来事の組合せとして理解されているのだとすれば、それは正しくない。

意思は、認識に基づき、積極的には欲求、消極的には認容による動機づけによって形成され、それが身体的態度に表現されて行為に一体化することによって、身体的態度の主観的帰責関係が作り出される。意思がこのようなものであると考えると、意思こそが、行われた行為についてその行為者に責任を問うという、行為の主観的帰責関係の契機であり、要になるものとしてとらえることができる。ただし、この場合の「責任」は、一般に「自ら行った行為については責任をとらねばならない」という場合の責任であって、法的責任・刑事上の責任を意味するわけではない。もう少し一般化すると、行われたのが違法行為でない場合にもこの種の責任は考えうる。従って、この意思の基になる一定の認識および欲求・認容は、一般的な用語において故意と呼ぶことができても、刑法上の故意ではない。刑法上の故意は、行われたのが刑法の構成要件に該当する違法行為であり、そのことを認識内容とするものでなければならない。そのためこのような故意に基づく違法行為の責任は可罰的な責任となる。この責任は違法行為への意思（意思形成・意思決定・意思表現）に対する法的評価である。故意は、意思そのものではなく、行為の主観的帰責関係の要である意思を形成する要素であり、そのようなものとして責任要素である。このように帰責関係の中心となる意思は責任論と行為論の両面からみることが必要ではなかろうか。帰責問題を考えるとき、意思要素をもつことが人間行為の本質の一側面であるならば、それを責任論で取りあげれば、人間行為の本質を無視することにはならない[31]といわれるが、そうであろうか。このような意思と故意とは別だと考えなければなるまい[32]。

(29)　黒田亘・行為と規範八頁以下。
(30)　黒田・前出注（29）五五、五九頁参照。
(31)　内藤謙・刑法講義総論（上）一五九頁参照。
(32)　この原稿を書いた後で鈴木茂嗣教授の示唆に富む論文「故意と意思――選択意思説試論――」（法学論叢一四二巻五・六号、一九九八年）が出されたのを知った。

収載論文　初出一覧

1 「法規範と義務規範」法学論叢五九巻一号、一九五三年
2 「責任論の一考察——故意と過失との区別について——」法学論叢六〇巻一・二号、一九五四年
3 「故意と過失との限界について」刑法雑誌五巻四号（有斐閣）、一九五五年
4 「主観的犯罪構成要素としての故意」法学論叢六四巻二号、一九五八年
5 「違法性の一考察」法学論叢六六巻四号、一九六〇年
6 「客観的違法と行為の無価値性——人的違法論に関連して——」法学論叢六八巻四号、一九六一年
7 「責任理論の或る史的考察」法学論叢七二巻二号、一九六二年
8 「構成要件の一つの問題」法学論叢七四巻五・六号、一九六四年
9 「過失犯と不作為犯」『日沖憲郎博士還暦祝賀　過失犯Ｉ』（有斐閣）、一九六六年
10 「過失犯における行為の危険性」成蹊法学一二号、一九七八年
11 「未遂犯における既遂故意と主観的違法要素」『刑事法学の総合的検討／福田平・大塚仁博士古稀祝賀　上』（有斐閣）一九九三年
12 「刑法体系における故意の考察」『京都大学法学部創立百周年記念論文集　第二巻』（有斐閣）、一九九九年

著者紹介

木村　静子（きむら　しずこ）
1927年京都市に生まれる。
1947年日本女子大学理科一部卒業，京都帝国大学法学部入学。1948年，高等文官試験司法科合格。1950年，京都大学法学部卒業。1953年，高松地方裁判所兼家庭裁判所判事補として赴任。同年，京都大学法学部専任講師（刑事法）。1954年，同助教授。1968年，成蹊大学法学部教授（刑事法）。成蹊大学法学部長・同大学大学院法学政治学研究科長，成蹊学園評議員などを務め，1996年，成蹊大学定年退職，名誉教授。
法務省司法試験（第二次試験）考査委員（1982-1983年），日本弁護士連合会懲戒委員会委員（1991-1995年），法務省法制審議会委員（1995-1999年），厚生省公衆衛生審議会（優生保護部会）委員（1992-1996年），厚生省医療審議会委員（1997-2001年）などを歴任。

犯罪論集
—犯罪構成と故意・過失—

2016年４月20日　第１刷発行　　定価はカバーに表示しています

著　者　木《き》村《むら》静《しず》子《こ》
発行者　上　原　寿　明

世界思想社
京都市左京区岩倉南桑原町56　〒606-0031
電話　075(721)6500
振替　01000-6-2908
http://sekaishisosha.jp/

© 2016　S. KIMURA　Printed in Japan　（共同印刷工業）
落丁・乱丁本はお取替えいたします

JCOPY ＜(社) 出版者著作権管理機構 委託出版物＞
本書の無断複写は著作権法上での例外を除き禁じられています。複写される場合は，そのつど事前に，(社) 出版者著作権管理機構（電話 03-3513-6969，FAX 03-3513-6979，e-mail: info@jcopy.or.jp）の許諾を得てください。

ISBN978-4-7907-1683-9